EL
TRABAJADOR SOCIAL
EN EL
CENTRO HOSPITALARIO
INTERVENCIONES

EDICION REVISADA

EL
TRABAJADOR SOCIAL
EN EL
CENTRO HOSPITALARIO
INTERVENCIONES

EDICION REVISADA

CÉSAR M. GARCÉS CARRANZA, PhD

VERANO, 2014

Para realizar pedidos de este libro, contacte con:
Palibrio LLC
1663 Liberty Drive
Suite 200
Bloomington, IN 47403
Gratis desde EE. UU. al 877.407.5847
Gratis desde México al 01.800.288.2243
Gratis desde España al 900.866.949
Desde otro país al +1.812.671.9757
Fax: 01.812.355.1576
ventas@palibrio.com
637340

ÍNDICE

DEDICACIÓN

Este libro se lo dedico
a
Mi Adorada Nieta Sofía

RECONOCIMIENTOS

A mis padres, Luis y Domitila.

Escribir un libro es un reto, y el esfuerzo que la elaboración de este libro me ha traído ha sido una mezcla de estímulo, frustración, diversión y alegría.

Es siempre buena idea para todos nosotros el dar tributo a aquellos quienes nos han ayudado con nuestros poyectos en nuestra vida. Yo no soy una excepción cuando se trata de esta buena idea, ya que mucha gente me ha ayudado a moldear y formar mis ideas acerca de la elaboración de mi libro. Primero, tube la suerte de conseguir empleo en el Hospital Bronx Lebanon en el Sur del Bronx hace veinticuatro años (1989). Es en este hospital donde he podido darle vida al lazo histórico entre trabajadores sociales y el hospital. Además, este hospital está siempre ocupado y trata con posiblemente todos los problemas medicos así como también con todos los problemas psicosociales del mundo. Me dejaron solo para que me lo figure todo. No tube un manual o libro de guía, pero seguí siendo trabajador social en la Sala de Emergencia, el la Unidad de Cuidados Intensivos, y en las Unidades de Medicina General por más de dos décadas. En primer lugar, he tenido el tiempo suficiente para darme cuenta exactamente de lo que los trabajadores sociales deben hacer en los hospitales. Aparte del personal médico y auxiliary del hospital, y colegas de Trabajo Social, Sherri Steward, Luz Rendon, Wendy Peguero, y Luz Hoilguín; deseo también reconocer a Yeshiva University (WWSSW), al igual que los profesores, DR. Luis Levitt, Dr. Norman Linzer, y Dra. Susan Mason. Estas personas construyeron una mente dentro de mi, y es por eso que siempre les estaré agradecido. Hay otras personas que agradecer como la Dra. Nilda Valentin, Dr. Nicholas Dávila, y Aracelia Jimenez por su amistad, influencia intelectual, y apoyo incondicional a travéz de los años. También agradesco al Dr. Joseph Fallaice, colegas y secretarias del Queens Neuropsychiatric Institute. Finalmente quiero agradecer a mi esposa Ellen por aguantar todo el tiempo que estube fuera escribiendo e investigando. Sin su apoyo emocional e intellectual, y su buen sentido común verdaderamente que hubiera sido difícil culminar este libro. No quiero olvidar a mis queridos hijos, Nicholas y Rachel, y a David quienes siempre me dan su apoyo en mis proyectos y su cariño incondicional. A mis queridos hermanos Hugo, Aníbal, Eduardo, Lucho, Cristina, Maria Elena, en especial a mi hermano Jorge por soportar muchas veces mis comentarios acerca de mi trabajo y mis libros. Estoy orgulloso de todos ellos. Finalmente, agradesco a mis pacientes, porque son ellos los que me han ayudado a crecer. Curiosamente, ellos me han enseñado el camino menos recorrido, porque sin los pacientes no sabría las cosas que se. Gracias a todos por su contribución.

INTRODUCCION

Mi objetivo en el siguiente trabajo es describir las diferentes intervenciones utilizadas por los trabajadores sociales quienes intervienen con los familiares de los pacientes que son admitidos al hospital: a la Sala de Emergencia, Unidad de Cuidados Intensivos, y Unidades de Medicina General. Con todas las intervenciones explicadas, por lo tanto le pongo énfasis a la comunicación que toma lugar entre el personal medico (médicos/enfermeros), el trabajador social y los familiares de los pacientes. Debido a la clase de trabajador social que soy me aseguro que las necesidades emocionales de ambos, pacientes y familiars sean cumplidas, la cuál indica que con psicoterapia y consejería también resuelvo los problemas psicosociales.

El Bronx Lebanon Hospital está ubicado en el Sur de Bronx, el cuál es uno de los vecindarios más pobre de norteamérica. El vecindario cercano al hospital es de extrema pobresa, este vecindario está compuesto por un grupo diverso de personas. Las calles están llenas de immigrantes de casi todo el mundo. Una vez más, lo que hace diferente a esta población es el hecho de que casi el cincuenta porciento (50%) de la población vive por debajo del nivel de pobreza. Además, los ciudadanos del Sur del Bronx viven con enfermedades crónicas, tales como: SIDA, asma, diabetes, cholesterol, hypertensión, abesidad. También existen los problemas psicosociales: actividad pandillera, abuso de drogas, abuso de alcohol, prostitución, desamparados, maltrato infantil, maltrato de adultos, y violencia doméstica que son algunos de los problemas más comunes que la población del Sur del Bronx padece (Bronx Lebanon Hospital, 2007).

Una de mis intensiones en este libro es descubrirme en la historia y tradiciones de Trabajo Social, y entender la labor que otros trabajadores sociales han desempeñado antes que yo. Además, en este libro hago algo importante: exploro la entrada del trabajador social al centro hospitalario, especialmente a la sala de emergencia, luego a la unidad de cuidados intensivos, y eventualmente a la unidad de medicina general. Por ejemplo, escribo acerca del Dr. Richard Cabot del Massachussets General Hospital en Boston, quién en 1905 fuera el primer médico en invitar a trabajadoras sociales para que hagan ciertas intervenciones de Trabajo Social que nunca antes habían sido echas por nadie.

Este libro sobre Trabajo Social en el Centro Hospitalario-Intervenciones no es verdaderamente acerca de la historia de Trabajo Social, y no me quedo estancado en el pasado. Escribo acerca de la actualidad, y que es lo que hago/hice como trabajador social en el Bronx Lebanon Hospital en el Sur del Bronx. Generalmente, los pacientes están bién enfermos, y con frecuencia con el riesgo de morir. Algunas veces los familiares de estos sufren dos veces, debido a que el personal médico no se comunica bién con ellos, muchas veces debido a la falta de conocimiento del idioma. Quiere decir que desde el momento que el paciente entra al hospital, los familiares se encuentran a obscuras. Todo acerca de la condición del paciente es de alguna manera desconocida. No todas las preguntas son contestadas. Ahí es donde yo (trabajador social) entro en el cuadro, les explico a los familiares en términos humanos, lo cuál tiene sentido para ellos. Los guío a travéz del vasto laberinto médico (burocrática hospitalaria), la cuál con frecuencia puede ser cruel. Por último, organizo el plan de alta del paciente, al mismo tiempo que preparo a los familiares acerca de la realidad de la condición del paciente. Puede ser este el caso en que los familiares estén enfrentando la condición grave del paciente por primera vez y no saben que hacer. Esto quiere decir que los familiares puedan estar negando la condición del paciente.

Mi experiencia como trabajador social en las salas de emergencia (adultos/niños, unidad de cuidados intensivos, y de medicina general, es extensa. Estoy orgulloso de las diferentes funciones que he desempeñado en el Bronx Lebanon Hospital. He sido el mediador fundamental entre el médico y el paciente. Por los últimos veinticuatro años, he ayudado a que muchos pacientes y a sus familiares se recuperen. Por ejemplo en la sala de emergencia he trabajado con emociones explosivas con víctimas de violencia doméstica, niños maltratados por sus padres o por muerte súbita, victimas de asalto, accidents automoblísticos, personas desamparadas, sin domicilio, entre otros. En la Unidad de Cuidados Intensivos, con frecuencia he sido el mediador y coordinador entre médico y paciente, acompañando a los familiares durante la admisión de uno de sus seres queridos. Los familiares son como bombas de tiempo, listas para explosionar. En las unidades de medicina general, he sido el coordinador del plan de alta, asegurándome de que el paciente reciva los servicios necesarios para así evitar una readmissión innecesaria al hospital. Estoy listo a intervenir y traer sentido y estabilidad emocional a toda situación volátil. Al igual que los médicos y enfermeros que nunca abandonan a sus pacientes, tampoco yo (trabajador social) nunca anbandono a los familiares de estos. No solamente intervengo; también educo al paciente y a los familiares. Utilizo el sentido común, sensibilidad y entendimiento. Esas son las mejores herramientas. Una vez más, estoy orgulloso de haber sido parte de un grupo de expertos profesionales del Bronx Lebanon Hospital, ubicado en el Sur del Bronx, New York.

Escribí este libro porque creo que es importante que los trabajadores sociales enseñen al personal médico (doctores/ enfermeros), administradores y al público acerca de la importancia de sus intervenciones con pacientes, familiares, y otros sistemas. Creo que el valor del conocimiento acerca de estas intervenciones ayudará para que los trabajadores sociales sean una parte más integral de toda organización de salud, especialmente del centro hospitalario.

Es mi opinión que los trabajadores sociales pertenecen en las *salas de emergencia, unidades de cuidados intensivos,* y *unidades de medicina general*. Los trabajadores sociales proveen intervenciones *concretas* al igual que intervenciones *clínicas*. Los trabajadores sociales ayudan a pacientes y familiares a sobreponerse de la crisis, tal como la admisión de un ser querido al hospital, la muerte súbita de un ser querido, o por ejemplo con casos de violencia doméstica, maltrato de niños, maltrato de ancianos, desamparados, abuso de drogas, o alcohlismo. Por consiguiente, el/la trabajador social es el coordinador ideal del plan de alta, ya que sabe el historial completa del paciente como ningún otro miembro del personal médico.

Trabajo Social es una profesión que a tenido que cambiar direcciones en numerosas ocaciones y su historia es única. Trabajo Social como profesión a tenido que hacer ajustes, pero siempre regresó más adaptable. Espero que este libro sirva de guía a trabajadores sociales, médicos/enfermeros, y otros profesionales del centro hospitalario, en sus diarias intervenciones con pacientes y familiares y que contribuya en sus esfuerzos de aliviar el sufrimiento y les de fuerza en sus actividades diarias, conocimientos de efectividad y sentido de bienestar social.

César M. Garcés Carranza, PhD
Trabajador Social

CAPITULO UNO

Historia Cronológica de Trabajo Social en los Estados Unidos

Este compendio representa una recopilación cronológica de una fuente de investigación del autor sobre el origen de Trabajo Social en los Estados Unidos.

Trabajo Social, como profesión tuvo su origen en el siglo XIX. El movimiento empezó principalmente en Inglaterra y en los Estados Unidos. Después del final del feudalismo, los pobres fueron vistos como una amenaza directa al orden social, por lo tanto el estado formó y organizó un sistema de ayuda para atenderlos. En Inglaterra, la Ley del Pobre sirvió para clasificar a los pobres en diferentes categorías, los pobres que podían trabajar, los imposibilitados, y los haraganes. Este sistema desarrolló diferentes respuestas para ayudar a estos grupos de personas.

La Revolución Industrial tuvo éxito durante el siglo XIX. Hubo grandes avances en conocimientos tecnológicos y científicos, pero también hubo grandes migraciones a zonas urbanas a través del Mundo Occidental. Esto condujo a muchos problemas sociales, los cuales a cambio condujeron a un aumento de movimientos sociales (Social Work History, 2007). También a principios del siglo XIX llegó un gran avance "misionero" de muchas denominaciones Protestantes. Algunos de los esfuerzos de estas misiones (misiones urbanas), trataban de resolver los problemas heredados de las grandes ciudades como pobreza, prostitución, enfermedades, y otras aflicciones. En los Estados

Unidos, los trabajadores conocidos como los "amigos visitantes" eran pagados por la Iglesia y otras organizaciones de beneficencia, trabajaron dando oraciones, enseñando el evangelio y dando alivio a los problemas sociales (Huff, D., 2008). En Europa, los sacerdotes fueron asignados para administrar la misión de la iglesia a los pobres.

Durante este tiempo, las sociedades de rescate se iniciaron con el propósito de encontrar una manera más adecuada para ayudar a las prostitutas. Los asilos psiquiátricos atendían a los enfermos mentales. Una nueva filosofía de "beneficencia científicas" apareció, la cual indicó que la beneficencia debía de ser "secular, racional y empírica, contraria de la ortodoxa, sentimental y dogmática" (Huff, D., 2008). Para el final de los años 1880, apareció un nuevo sistema para atender los problemas sociales, estos movimientos se enfocaron en las causas de la pobreza a través de la Reforma, Investigación y Residencia (Huff, D., 2008). Estos ofrecían una variedad de servicios que incluían educación, ayuda legal y servicios médicos. Estos servicios también abogaban por cambios en la administración social. Los administradores de estos movimientos comunitarios estuvieron interesados en la cultura de las personas que ellos querían ayudar (Huff, D., 2008).

En los Estados Unidos, los diferentes métodos de Trabajo Social llevó a una pregunta fundamental-¿es *Trabajo Social una profesión?* Este debate tiene su origen en el comienzo del siglo XX entre el debate de La Organización de la Sociedad de Beneficencia de Mary Richmond y el Movimiento del Hogar Comunitario de Jane Adams. El interés de este debate era el de saber si el problema debería de ser intervenido con el método tradicional y científico con el enfoque eficiente y de prevención o con el Movimiento del Hogar Comunitario profundizándose en el problema, anulando las líneas entre el interventor y el cliente (Parker, O, D; Demiris, G., 2006).

A pesar de que se abrieron muchas escuelas de Trabajo Social y se formalizaron para que Trabajo Social empezara su desarrollo, la pregunta continuó. En 1915, en la Conferencia Nacional de Beneficencias y Correcciones, el Dr. Abraham Flechner habló sobre el tema "¿Es Trabajo Social Una profesión? El Dr. Flechner dijo que no porque a esta le faltaba conocimiento especializado y la aplicación específica de teorías y conocimiento intelectual para resolver los problemas humanos y sociales (Lubove, R. 1965). Esto condujo a la profesionalización de Trabajo Social, concentrándose en trabajo de casos y en el método científico.

I. El Origen de Trabajo Social en Los Estados Unidos:

Trabajo Social tiene su origen en los esfuerzos de la sociedad combatiendo a la pobreza y sus consecuencias. Por lo tanto, Trabajo Social está ligado a la idea de trabajo de bienestar social; pero debe de ser entendido en términos amplios. El concepto de bienestar social se remonta a tiempos antiguos, y la práctica de ayudar al pobre tiene sus raíces en muchas civilizaciones y religiones del mundo (Leiby, J., 1979).

Los primeros *amigos visitantes* fueron mujeres quienes eran voluntarias o misioneras y la mayoría de ellas eran de la *alta sociedad*. Estas mujeres se esforzaban en disminuir la carga pública de los pobres a través de servicios directos y con oraciones. Los amigos visitantes primero estudiaban e investigaban las solicitudes de ayuda, luego separaban a los solicitantes en diferentes clases, los que merecían y los que no merecían ayuda, luego los ayudaban dándoles apoyo emocional y refiriéndolos a diferentes lugares para que los ayuden. La *visita amistosa* puso a muchos de sus miembros de la alta sociedad en cercanía con las *otras clases sociales*. Esta familiaridad con frecuencia ayudó a que los miembros de estas clases sociales comprobaran en diferentes situaciones cuyos factores, como las explotaciones a los empleados, las malas condiciones de trabajo en compañías industriales eran con frecuencia culpa de la pobreza en vez de falta de moral entre los pobres. Las visitantes empezaron a ver la pobreza como un problema más complejo de lo que ellas hubieran querido creer (Leiby, J., 1979).

A manera que la administración y actitudes de las organizaciones de bienestar social empezaron a cambiar, también lo hicieron las amigas visitantes. De la misma manera que las amigas visitantes empezaron a ser más sistemáticas y profesionales, hubo un acuerdo general indicando que las visitantes necesitaban más adiestramiento. En 1891, el movimiento de la organización de beneficencia en New York empezó a publicar e implementar nuevas ideas en este campo. Programas de adiestramiento bajo la dirección de profesionales tales como Mary Richmond se dieron a conocer alrededor del país. Mary Richmond fue pionera en la elaboración de propuestas teórico-metodológicas para la intervención profesional y la formación académica. En 1898 estas actividades culminaron con el establecimiento de la Escuela de Verano para la Filantropía Aplicada.

Inmediatamente después las amigas visitantes fueron reemplazadas por o resultaron siendo trabajadores sociales "profesionales." Al principio las nuevas educadas/ adiestradas amigas visitantes se identificaban como "Trabajadoras Sociales." Las primeras trabajadoras sociales ampliaron la sus destrezas al incluir otra clase de trabajo de bienestar social al expandir la práctica de trabajo de casos en instituciones de beneficencia infantil y corte juvenil. Al principio del siglo XX, las amigas visitantes voluntarias de las primeras organizaciones de bienestar social desarrollaron lo que ahora se identifica como Trabajo Social de caso (Barker, R. 1998, Woolf, L., 2002).

Desde que la primera clase de Trabajo Social fuera ofrecida por la Universidad de Columbia durante el verano de 1898, trabajadores sociales se han desempeñado desarrollando organizaciones de bienestar social para ayudar a personas necesitadas. Los trabajadores sociales continúan dándole enfoque a las necesidades de la sociedad y muestran los problemas sociales a este país.

III. Historia de Inglaterra:

El desarrollo de Trabajo Social en Inglaterra como disciplina tuvo un paralelo similar a la experiencia Americana de inmigración de masas y cambios sociales. La Revolución Industrial fue una de las mayores causas de estos cambios, tales cambios fueron las condiciones sociales, resultando en el crecimiento masivo de las ciudades. Los primeros trabajadores sociales fueron llamados Capellanes de hospitales, y trabajaban en instituciones hospitales. El Free Royal Hospital contrató a Mary Steward quien fuera la primera Capellán en 1895. Su función era el evaluar a las personan que pedían atención del hospital y asegurarse de que fueran considerados" dignos" de tratamiento gratis. Pronto esta función se desarrolló en el abastecimiento de otros programas sociales, y para 1905 otros hospitales crearon funciones similares. Para ese entonces, El Consejo de Capellanes del Centro Hospitalario se había formado para supervisar la nueva profesión (Gehler, S. y T.A. Brown, 2006).

II. Historia Americana:

El Trabajo Social moderno en los Estados Unidos tiene su origen en la inmigración masiva del siglo XIX. Muchos de los inmigrantes llegaron a New York y se mudaron a otras ciudades del este, donde la conglomeración de masas condujo a los problemas sociales y enfermedades (Gehlert, S. y T.A. Brown., 2006). Elizabeth Blackwell fue la primera mujer en ejercer medicina en los Estados Unidos y creó el primer Dispensario Médico para Mujeres y Niños Indigentes en 1853 (M.A. Elston, 2004, 2008). El Dispensario Médico operó ofreciendo ayuda a las comunidades pobres del lado este, y pronto se diversificó más allá de la enfermería básica, facilitando evaluaciones sociales y apoyo a las familias de la zona. En 1889 Jane Addams era una estudiante joven de medicina quien creó un Hogar para expatriados y comunidades pobres en Chicago, el Hogar era un centro para servicios a la comunidad y también tenía un programa de investigación social. Los precursores del Trabajo Social moderno se originaron en el Dispensario Médico de Blackwell y en el Hogar a manera que los profesionales de salud empezaban a trabajar con determinantes problemas sociales de salud (Ghelert, S. y T.A. Brown, 2006).

IV. Trabajo Social en Hospitales en los Estados Unidos:

Trabajo Social entró a los hospitales de los Estados Unidos a invitación del Dr. Richard Clarke Cabot, Jefe del Departamento de Medicina del Massachussets General Hospital de Boston, en 1905. Cabot fue un médico Americano que avanzó la hematología clínica, también fue un innovador en métodos de enseñanza, y fue un pionero en Trabajo Social. (Gehlert, S. y T.A. Brown., 2006). Cabot creó una de las primeras posiciones de Trabajo Social en el mundo, dándosela a Garmet Pelton primero, quién luego contrajo tuberculosis y tubo que retirarse de la posición, después le siguió en la posición Ida Cannon (Davidson, K. 1998 y Beder, J, 2006). El hospital rehusó el apoyo de contratar trabajadoras sociales, y Cabot tubo que pagar el salario con su dinero. Siete años después de haber creado este servicio, una especialidad de Trabajo Social médico fué establecida por la Escuela de Trabajo Social de Boston. Varios hospitales mayormente en el Noreste del país, establecieron departamentos de Trabajo Social. Cannon permaneció en la posición de trabajadora social en el Massachussets General Hospital durante cuarenta años y fue Jefa del departamento de Trabajo Social del hospital (Barker, R., 1998). Después de 1905 la mayoría de las trabajadoras sociales fueron entrenadas como enfermeras. Cabot cambió la manera en que el departamento de servicios ambulatorios del hospital funcionaba, pensando que las condiciones económicas, sociales, familiares y psicológicas eran la causa de las muchas condiciones que los pacientes presentaban cuando llegaban al hospital. Cabot pensó que las trabajadoras sociales podrían trabajar en una relación complementaria con los médicos quienes se encargarían de los problemas fisiológicos y las trabajadoras sociales se encargarían de los problemas psicosociales. Además de esto, Cabot también pensó que el Trabajo Social podría mejorar la medicina dándole a esta una perspectiva de atención dentro de la institución (Beder, J., 2006).

En 1917 Cabot ocupó una posición en El Cuerpo de Reserva Médico por un año, luego regresó al Massachussets General Hospital en 1918 y luego en 1919 se fue a ocupar la posición de Presidente del Departamento de Ética Social en la Universidad de Harvard. Durante este tiempo, el hospital acordó en pagar el salario de las trabajadoras sociales, ya que hasta ese momento Cabot había estado pagando el salario de trece trabajadoras sociales durante doce años. Después se retiró a escribir sus experiencias en su libro "Trabajo Social" (Cabot, R. C. (1919).

La Asociación Nacional de Trabajadores Sociales de Hospitales (NAHSW, siglas en inglés) fue establecida en 1918 con el propósito de mejorar la relación entre la educación formal y la práctica en los hospitales. La función de la trabajadora social en ese entonces era la de dar *servicios sociales* a los necesitados, pero los administradores de los hospitales querían que las trabajadoras sociales solo se encargaran de evaluara las necesidades para el alivio médico y así evitar el abuso de los hospitales (Davidson, K. 1998).

En 1929 había diez cursos universitarios en Trabajo Social médico. Durante este tiempo, Psiquiatría y Psicología comenzaban a competir con Trabajo Social para sustituirlo de los hospitales. Trabajo Social pudo adaptarse y se unió más de cerca con las ideas psicoanalíticas, y comenzó a interesarse menos por las condiciones sociales y los problemas de salud. Al separarse de los problemas sociales, Trabajo Social agregó una base más científica para tratar con pacientes, y las conductas desafiantes pudieron ser vistas como problemas emocionales en vez de falta de carácter moral. Al final de los años 1930, Trabajo Social se había transformado y logró a ser un componente fundamental de la sociedad (Barker, L. (1998). El aumento de gastos sociales y la proliferación de programas públicos influyeron para que muchas personas ejercieran Trabajo Social. Después de la segunda guerra mundial dio como resultado el aumento de trabajadores sociales. Miles fueron contratados como trabajadores sociales a través de programas sociales. Muchos de estos trabajadores sociales tenían experiencias diferentes a sus compañeros de los programas particulares de beneficencia (Barker, R. L.1998)

Es de importancia que los trabajadores sociales hagan saber al personal médico, y administradores sobre la importancia de sus intervenciones con pacientes y el valor que estas tienen (Wrenn y Rice, 1994; Cowles, L.A., 2000). Esto quiere decir que las intervenciones que el/la trabajador social hace deben de ser socialmente reconocidas, así como también terapéuticamente efectivas y de costo eficiente. Además, estos servicios deben de ser profesionalmente competentes con las otras disciplinas (medicina, enfermería, psiquiatría, y psicología). Esto es precisamente cierto para aquellos/as trabajadores sociales que desempeñan su labor en las diferentes unidades del hospital, donde la falta de entendimiento y conocimiento de su labor profesional puede impedir que el personal médico refieran pacientes que están padeciendo emergencias médicas para intervención del//la trabajador social. El/la trabajador social es parte integral de toda organización de salud. Los servicios sociales deben de ser proporcionados a individuos, familiares y a otros grupos de importancia; a poblaciones de grupos especiales, comunidades, y a programas especiales de salud y educación (NASW, siglas en Inglés, 2002).

El Trabajador Social en Centros Hospitalarios:

1. **Comunica;** enfatizando la comunicación entre el personal médico, pacientes y familiares, y se cerciora que las necesidades de los pacientes y familiares sean atendidas
2. **Ofrece apoyo emocional (psicoterapia);** enfatizando los problemas psicosociales y necesidades emocionales que los pacientes y familiares puedan tener.

3. **Defiende los derechos de los pacientes;** y se asegura que el centro hospitalario ofrezca servicios de alta calidad a los pacientes y familiares.

4. **Se cerciora;** que los recursos relevantes y disponibles que puedan unir el paciente y sus familiares son los más adecuados.

5. **Aconseja;** personalizado interacciones, entiende los sentimientos, actitudes y conductas de los pacientes y familiares de estos.

6. **Interviene;** entre pacientes, familiares y el personal médico.

7. **Coordina;** organizando servicios para los pacientes y familiares.

8. **Educa;** y transmite conocimiento a otros, enseñando temas acerca de los derechos de los pacientes sobre decisiones de atención médica, incluyendo el final de vida.

Durante mucho tiempo, la literatura sobre Trabajo Social en hospitales ha hecho un llamado para que los trabajadores sociales *"demuestren su efectividad"* si es que quieren mantener su trabajo en este sistema. Actualmente existe evidencia que Trabajo Social no es ampliamente reconocido como un factor clave en el hospital. En 1998, Rher, H; Blumenfield, S. y Rosenberg, G; indicaron los siguientes factores que son barreras para que la profesión de Trabajo Social tuviera una firme posición en el campo de la salud:

1. Su asociación con personas relativamente pobres,

2. su percepción como rival por personal médico,

3. su falta de éxito en demostrar la efectividad de costo de sus servicios,

4. es vista como ineficaz para resolver los problemas sociales (el cuál requiere de poderes más allá de Trabajo Social),

5. su falta de datos para desarrollar "mejores prácticas," así como también el fracaso en emplear procesos de administración, la falta de colaboración eficiente con otros profesionales para tratar problemas sociales de salud; y su falta de "mantener registro" de trabajo para mejorar la política de salud social pública.

Durante muchos años se había llegado a la conclusión que las funciones de Trabajo Social estaban mejor desempeñadas por el departamento de Trabajo Social dentro del hospital (Auslander, G. K., 2000), pero en varios lugares alrededor del mundo, esta lógica era preguntada. Debido a que los departamentos de Trabajo Social dentro del hospital no generan ingresos económicos, departamentos de Trabajo Social han sido vulnerables a recortes de personal o eliminados.

Colegas de la comunidad de Medicina, Enfermería, Psiquiatría, y Psicología tienen una vaga idea de lo que los trabajadores sociales hacen en el hospital, suficiente como saber que lo que hacen es difícil, misterioso, y algunas veces peligroso. Algunos no tienen el concepto de lo que los trabajadores sociales hacen y no entienden cuando se les trata de explicar. Curiosamente, los trabajadores sociales tienen conocimiento de lo que los médicos, enfermeras/os, psiquiatras, y psicólogos hacen. Con frecuencia, al Trabajo Social se le considera como una profesión invisible.

Trabajadores sociales en centros hospitalarios, necesitan educar al personal médico y otros profesionales de la salud acerca de su contribución en la atención a los pacientes y familiares en la eficiencia del sistema para alcanzar este objetivo. La educación va a enfatizar no solamente el contenido y propósito de la intervención de los/las trabajadores sociales en las diferentes áreas, también su habilidad de demostrar y comunicar esas intervenciones al personal médico y otros profesionales de salud. Los trabajadores sociales deben usar este entendimiento para reflexionar en la evaluación de sus intervenciones y sagacidad en desarrollar nuevos entendimientos sobre su relación con otros profesionales de la salud. Los trabajadores sociales con precisión y análisis cuidadoso de planeamiento, pueden establecer un claro dominio de su práctica en el complejo centro hospitalario.

VI. Trabajo Social en Salud Mental:

El intercambio de Trabajo Social con la promoción de salud mental y tratamiento se remonta a los comienzos de nuestra profesión (National Institute of Mental Health, 1991). Desde los hospitales de salud mental hasta el desarrollo de centros de servicios para la comunidad, los trabajadores sociales dan consejería (psicoterapia) a individuos y a familias, hacen esfuerzos para prevenir enfermedades mentales y alivian sus efectos, desarrollan programas, abogan por la creación de programas públicos y fondos para asegurar que las enfermedades mentales sean tratadas a la par con las enfermedades fisiológicas.

Al trabajar con otros profesionales comprometidos en esta área de práctica, los trabajadores sociales han colaborado en el desarrollo de teorías de etiología e intervenciones, las cuales han sido tratadas, modificadas, y redefinidas a través de la práctica, y a través de investigación de esta práctica. Los trabajadores sociales tradicionalmente han mantenido el enfoque *bio-psicosocial*, lo que es, la preocupación por la interacción del individuo y el ambiente social.

El objetivo principal de los trabajadores sociales en salud mental es el ayudar a las personas que sufren de enfermedades mentales poder funcionar en el mundo exterior. Los días cuando a los enfermos mentales se les encerraba ya no existen, lo que quiere decir que los trabajadores sociales tienen que seguir trabajando para que la gente se adapte a la sociedad (National Institute of Mental Health, 1991).

Trabajadores sociales en psiquiatría se encuentran en una gran variedad de lugares, los más comunes son los hospitales y también en la práctica privada/ Clínicas de Salud Mental. También trabajan en prisiones, cortes judiciales, escuelas, programas sociales, el/ la trabajador social a diferencia del psiquiatra, se interesa más en tratar a la persona total ayudándolo (a) a afrontar el impacto que la enfermedad tiene en su vida. El enfoque del psiquiatra por otro lado es el de curar la enfermedad suministrando medicamentos psicotrópicos (National Institute of Mental Health, 1991).

Conclusión:

Para entender el origen y desarrollo de la profesión de Trabajo Social es necesario remontarse a la Inglaterra del siglo XVIII, donde se sientan las bases de bienestar social en la creación de servicios de Trabajo Social. En la historia de la profesionalización de Trabajo Social se destacan Flexner y Greenwood, personas quienes en dos momentos diferentes de dicho proceso evolutivo plantean el nivel del profesionalismo alcanzado en la carrera de Trabajo Social. Greenwood, a diferencia de Flechner (NASW, 2002) concluye que el Trabajo Social es una profesión ya que reúne los siguientes criterios:

1. Cuenta con un cuerpo sistemático de teorías que sustenta su quehacer,
2. tiene autoridad profesional que emana del dominio de una teoría,
3. tiene el reconocimiento comunitario de que la profesión es válida,
4. posee un código de ética que rige la conducta de sus miembros, cuenta con una cultura profesional consistente en un vocabulario y metodología profesional.

Trabajo Social es una profesión y disciplina académica comprometida a mejorar el bienestar social, los cambios sociales y la justicia social. Este campo trabaja hacia la investigación y práctica para mejorar la calidad de vida de cada individuo, grupo y comunidad en la sociedad. Trabajo Social desarrolla intervenciones a través de investigaciones, administración, organizando comunidades, práctica directa y educación. La investigación con frecuencia se enfoca en áreas como desarrollo humano, administración social, administración pública, programas de evaluación y desarrollo de la comunidad. Los trabajadores sociales están organizados en grupos profesionales locales, nacionales, continentales e internacionales. Trabajo Social es un campo interdisciplinario que incluye teorías de *economía, educación, sociología, medicina, filosofía, antropología, y psicología* (NASW, 2002).

"Trabajo Social basa su metodología en el campo sistemático de la evidencia en base al conocimiento derivado de la investigación y evaluación de la práctica, incluyendo conocimientos propios con un contenido específico. Reconoce también la complejidad de las interacciones entre personas y su medio ambiente, y la capacidad de los individuos para ser afectados y alterar las múltiples influencias sobre ellos incluyendo los factores psicosociales. La profesión de Trabajo Social extrae de las teorías de desarrollo humano, de la teoría social, y de teorías de sistemas sociales para analizar situaciones complejas y para facilitar los cambios individuales, de organizaciones sociales y culturales." (Definition of Social Work, 2000).

Durante más de un siglo la profesión de Trabajo Social se ha desarrollado y re-inventado en respuesta a los cambios sociales y económicos, manteniendo su enfoque sobre la defensa al cumplimiento de las necesidades de los segmentos más vulnerables de la sociedad y al mejoramiento de su bienestar. Hoy, los trabajadores sociales constituyen el mayor número de profesionales que trabajan en las áreas de salud física y mental, sistema de educación, sistema judicial, y servicios para familias de diferente grupos étnicos y culturales, hogares para ancianos (NASW, 2002).

Trabajo Social continúa buscando crecer dentro de la jerarquía profesional de manera que pueda gozar también del máximo prestigio, autoridad y monopolio que el presente pertenece a las pocas profesiones más destacadas, como Medicina, Psiquiatría y Psicología.

REFERENCIAS

Barker, Robert L. (1998). Milestones in the Development of Social Work and Social Welfare. Washington, DC NASW

Beder, J. Hospital Social Work: The interface of medicine and caring. Routlege: New York.

Cabot, R.C. (1919). Social Work, Webpage: Google-Books-dsC.

Cowles, L. A. (2000). Social work in the health field: SA care perspective. New York:

The Haworth Press.

Davidson, K. (1998). Role Blurring and the social worker's search for a clear domain. Health and Social Work, 15, 228-234

"Definition of Social Work." (2000). IFSW General meeting in Montreal, Canada. International Federation of Social Workers 04-10-05. Retrieved 2008.

Elston, M.A. (2004-2008). "Blackwell, Elizabeth (1821-1910). Oxford Dictionary of National Biography, Oxford University Press.

Gehlert, S. in Gehlert, S. and T.A Browne (2006). Chapter Two: The Conceptual Underpinnings of social work in health care. Handbook of Health Social Work. New Jersey: WILEY

Huff, Dan (2008). "Chapter I. Scientific Philantropy (1860-1900)." The Social Work History Station. Boise State University p. 02-20.

Huff, Dan (2008). "Chapter 1.2 Missionaries & Volunteers." The Social Work History Station. Boise State University. P. 02-20

Leiby, J. (1979). A History of Social Welfare and Social Work in the United States, New York: Columbia University Press.

Lubobe, R. (1965). The Professional Altruist: The Emergence of Social Work as a Carreer, 1890-1930, Cambridge, MA: Harvard University Press.

Rher, H., Blumenfield, S. & Rosenberg, G. (1998). Creative social work in health care: Clients, the community, and your organization. New York: The Mount Sinai Medical Center. Press.

Huff, Dan. (2008). "Chapter II. Settlements (1880-1900). The Social Work History Station. Boise State University.p.02-20

National Institute of Mental Health. (1991). Building Social Work Knowledge for Effective Services and Policies. Washington, DC: Author.

Parker-Oliver, Debra; Demiris, George (2006). "Social Work Informatics: A New Specialty." Social Work. National Association of Social Workers (NASW) 51 (2): 127-134

Woolf, Linda M. (2002). Women's Intellectual Contribution to the Study of Mind and Society; Mary Ellen Richmond.Webster University Press.

CAPÍTULO DOS

Intervenciones del Trabajador Social en el Centro Hospitalario

Es de importancia que los trabajadores sociales hagan saber al personal médico (médicos/enfermeros), administradores y al público sobre la importancia de sus intervenciones con pacientes y familiares y otros sistemas, y el valor que estas tienen. Los trabajadores sociales son parte integral de toda organización de salud. Los servicios sociales deben ser proporcionados a individuos, familiares y otros grupos de importancia; a poblaciones de grupos especiales, comunidades, y a programas especiales de salud y educación (NASW, siglas en Inglés, 2002). Es la opinión del autor que los trabajadores sociales en la sala de emergencia como en la unidad de cuidados intensivos y unidades de medicina general proporcionan intervenciones clínicas e intervenciones concretas.

Palabras Claves:

Centro Hospitalario, Trabajador Social, Intervenciones Clínicas, Intervenciones Concretas.

¿Qué es Intervención en Trabajo Social?

Trabajadores sociales proveen intervenciones concretas y clínicas a individuos, familias y grupos con el propósito de ayudarlos en aliviar sus necesidades y asuntos personales. Las intervenciones tienen como propósito el de asistir y de ayudar a los personas a solucionar los problemas que les impide su bienestar. Las intervenciones usadas por trabajadores sociales son aquellas que son identificadas de gran ayuda como bases para que el trabajador social pueda continuar con la evaluación del los clientes. En el centro hospitalario los trabajadores sociales proveen intervenciones concretas e intervenciones clínicas a pacientes y familiares.

Intervenciones Concretas:

Son aquellas intervenciones que se resuelven alrededor de la información y actividades de los referidos. Estas intervenciones incluyen el conectar a los pacientes y familiares con los recursos que pueden, por ejemplo asistiendo en la coordinación de servicios de admisión y de alta del hospital, atención para los familiares del paciente durante la admisión, asistencia con servicios de transporte u obteniendo asistencia personal, y accesorios médicos.

Intervenciones Concretas:

1. Elegibilidad para servicios sociales.
2. Ayudar a que los pacientes obtengan accesorios médicos.
3. Interpretar los sentimientos de los pacientes al personal médico.
4. Explicar las órdenes médicas a los pacientes.
5. Interceder entre el médico y el paciente.
6. Explicar los servicios del hospital a la comunidad.
7. Conducir plan de alta del hospital.
8. Referir pacientes a servicios de la comunidad.
9. Conducir estudios de preparación de alta del hospital.
10. Trabajar con la familia para que entienda la condición del paciente y ofrecerle ayuda en el hogar.

Intervenciones Clínicas:

Son las variadas formas de consejería (psicoterapia) que tienen que ver con relaciones interpersonales entre el trabajador social, el paciente, y la familia. El enfoque aquí es en actitudes, sentimientos, percepciones, decisiones o conductas del paciente o familiares. Con frecuencia tales servicios enfocan a pacientes y familiares con problemas relacionados a su adaptación y aceptación a los servicios que el hospital ofrece, diagnóstico, pronóstico, o plan de tratamiento.

Intervenciones Clínicas:

1. Colaborar con otros profesionales de salud.
2. Diagnosticar problemas psicosociales.
3. Recomendar tratamiento psiquiátrico.
4. Ayudar a superar crisis emocionales.
5. Dar apoyo emocional al paciente y los familiares.
6. Ayudar a adaptarse a la enfermedad, entender los síntomas y controlarlos efectivamente.
7. Usar técnicas psicoterapéuticas.
8. Dar psicoterapia/consejería a pacientes con disturbios emocionales.
9. Educar a los profesionales de salud acerca de servicios sociales.
10. Consultar con los profesionales de salud acerca de problemas psicosociales de los pacientes.

1. **Trabajo Social en la Sala de Emergencia:**
   Es una especialidad que no es tradicional que implica trabajar con médicos y enfermeros cuyo enfoque es enfermedades y traumas en vez de problemas sociales (Elliot, 1987). El trabajador social colabora con el personal médico en identificar los problemas sociales de los pacientes, no solamente el problema que ellos presentan (Mizrahi, T. y Abramson, J., 2000). El trabajador social contribuye en la eficiencia de la operación de la sala de emergencia ayudando a los pacientes a superar la crisis, incluyendo la muerte súbita, violencia doméstica, abuso infantil, abuso de ancianos, personas sin domicilio, abuso de drogas y alcoholismo, así como también casos cuando a los pacientes le dan de alta del hospital.

2. **Trabajo social en la Unidad de Cuidados Intensivos:**
   Al igual que en la sala de emergencia, es una especialidad que no es tradicional que implica trabajar con los familiares de los pacientes. En la unidad de cuidados intensivos el trabajador social colabora con el personal médico identificando las necesidades emocionales de los familiares, ayudándolos a que tengan la

oportunidad de hacer preguntas, que expresen sus preocupaciones y temores, ayudándolos a superar la crisis dándoles apoyo emocional, y obtener ayuda de consejería para con sus sentimientos de culpabilidad, así como también ayuda con temas de decisiones de atención médica.

3. **Trabajo Social en Unidades de Medicina General:**
   Generalmente implica el trabajar con otros sistemas que están afuera del hospital, incluyendo referidos a servicios de la comunidad. Algunos pacientes necesitan servicios de atención personal en la casa, accesorios médicos (silla de ruedas, andador, muletas, etc.). También pueden necesitar ser referidos a instituciones cuando no hay familiares que se puedan encargar de ellos o tienen recursos limitados. Otros pacientes pueden no tener seguro médico ni recursos económicos para pagar los gastos del hospital (el trabajador social los refiere a la oficina correspondiente para que los ayuden con la solicitud de seguro médico). En casos cuando un paciente no tiene residencia permanente, el trabajador social hace referidos a los albergues de la comunidad que están disponibles.

El Trabajador Social en el Centro Hospitalario:

1. **Comunica;** enfatiza la comunicación entre el personal médico, pacientes y sus familiares, y se cerciora que las necesidades de los pacientes sean atendidas.
2. **Ofrece apoyo emocional (psicoterapia);** enfatiza los problemas psicosociales y necesidades emocionales que los pacientes y familiares puedan tener.
3. **Defiende los derechos de los pacientes;** se asegura que el centro hospitalario ofrezca servicios de alta calidad a los pacientes y familiares.
4. **Se asegura;** que los recursos relevantes y disponibles que puede unir al paciente y sus familiares son los más adecuados.
5. **Aconseja;** personaliza interacciones, entiende los sentimientos, actitudes y conductas de los pacientes y familiares de estos.
6. **Intercede;** entre pacientes, familiares y el personal médico.
7. **Coordina;** organizando servicios para los pacientes y familiares.

8. **Educa;** y transmite conocimiento a otros, enseñando temas acerca de los derechos de los pacientes sobre decisiones de atención médica, incluyendo el final de la vida.

La revisión de la literatura acerca de la práctica de Trabajo Social en los centros hospitalarios desde 1967 hasta el presente demuestra que todavía existe poco conocimiento acerca de los programas de Trabajo Social, especialmente en las salas de emergencia, unidades de cuidados intensivos, y medicina general en los centros hospitalarios de Los Estados Unidos. El uso eficiente de los trabajadores sociales en los centros hospitalarios depende mayormente en cómo otros profesionales de la salud perciben la práctica de Trabajo Social. Aquellos fuera de la profesión pueden no estar familiarizados con la variedad de intervenciones que son proporcionados por los trabajadores sociales. El centro hospitalario puede limitar al trabajador social a proporcionar intervenciones concretas (elegibilidad para servicios sociales, ayudar a que los pacientes obtengan accesorios médicos, hacer llamadas telefónicas, conseguir ropa, pasajes, entre otros.), y no poder utilizar las destrezas clínicas del trabajador social ayudando a los pacientes a superar el impacto emocional de la enfermedad y la hospitalización. La falta de conocimientos y entendimiento de lo que el trabajador social hace en el hospital puede causar conflictos en la colaboración con los otros profesionales en proveer servicios.

Durante mucho tiempo, la literatura sobre Trabajo Social en centros hospitalarios ha hecho un llamado para que los trabajadores sociales "demuestren su efectividad" si quieren mantener su trabajo en este sistema. Actualmente existe evidencia que Trabajo Social no es ampliamente reconocido como un factor clave en el centro hospitalario.

En 1998, Rher H; Blumenfield S; y Rosenberg G., indicaron los siguientes factores que son barreras para que Trabajo Social tuviera una firme posición en el campo de la salud:

1. Su asociación con clientes relativamente pobres.
2. Su percepción como rival por el personal médico.
3. Su falta de éxito en demostrar la efectividad de costo de sus servicios.
4. Es vista como ineficaz para resolver los problemas sociales (el cuál requiere de poderes más allá de Trabajo Social).

5. Su falta de datos para desarrollar "mejores prácticas," así como también el fracaso en emplear procesos de administración, la falta de colaboración eficiente con otros profesionales para tratar problemas sociales de salud; y su falta de "mantener registro" de trabajo para mejorar la política de salud social pública.

Durante mucho años se había llegado a la conclusión la noción que las funciones de Trabajo Social estaban mejor desempeñadas por el departamento de Trabajo Social dentro del hospital (Auslander, G. K, 2000). Pero en varios lugares alrededor del mundo, esta lógica era preguntada. Debido a que los departamentos de Trabajo Social dentro del hospital no generan ingresos económicos, departamentos de Trabajo Social ha sido vulnerables a recortes de personal o eliminados.

Como fuera mencionado por Davidson, K. (1998) y Cowles, L.A. (2000), Trabajo Social en centros hospitalarios ha desarrollado una fuente de conocimientos y ha influenciado en la atención al paciente promoviendo el componente psicosocial de la atención médica. La razón por el desacuerdo sobre la función del trabajador social en el centro hospitalario es evidente cuando otras expectativas son comparadas, inclusive en estudios anteriores. Las experiencias interdisciplinarias no van a tener resultados positivos si los otros profesionales no reconocen la autoridad única del trabajador social o experiencia profesional, y no comparten las percepciones y su dominio de la profesión. Medicina, es una profesión autónoma, dentro de sus acciones impuestas por la burocracia mantiene una jerarquía superior sobre otras disciplinas consideradas de "baja posición," como es considerada Trabajo Social.

En la actualidad, colegas de la comunidad de medicina, enfermería, psiquiatría y psicología no tienen conocimientos claros acerca de lo que los trabajadores sociales hacen, suficiente como saber que lo que hacen es difícil, misterioso, y algunas veces peligroso. Algunos no tienen ni siquiera el concepto de lo que los trabajadores sociales hacen y no entienden cuando se les trata de explicar. Curiosamente, los trabajadores sociales tienen conocimiento claro de lo que los médicos, enfermeros, psiquiatras y psicólogos hacen. Con frecuencia al Trabajo Social se le considera como una profesión invisible. Además los trabajadores sociales hacen poca o ninguna promoción de sus servicios. Las destrezas, habilidades y contribuciones de los trabajadores sociales en el centro hospitalario no son visibles. La habilidad y capacidad al estar en un cuarto con un paciente sufriendo o enojado (a) y permanecer con la mente clara ayudando estratégica y profesionalmente, es una destreza desarrollada a través de los años de experiencia y educación profesional. La intervención con una familia compleja, comunidad, y sistemas profesionales, es una destreza adquirida. La intervención en consejería (psicoterapia) en situaciones de emociones difíciles, crisis de salud mental, catástrofes psicosociales, es un arte. La habilidad de escuchar, pensar, abogar, mediar, consultar, planear, enseñar, aconsejar, mejorando, y haciendo decisiones de intervención son todas diseñadas a mover obstáculos y resolver los problemas de los pacientes que los trabajadores sociales encuentran diariamente en el centro hospitalario.

Como fuera mencionado por Davidson, K. (1990) y Cowles, L. A. (2000), Trabajo Social en los centros hospitalarios ha desarrollado una fuente de conocimientos y ha influenciado en la atención al paciente y familiares al promover el reconocimiento de los componentes psicosociales dentro de la atención médica. Los trabajadores sociales utilizan el modelo de atención de *persona y familia* para la evaluación y tratamiento, el cuál es diferente del modelo médico, cuyo enfoque es problemas fisiológicos.

La revisión de la historia de la profesión y sus conceptos básicos, demuestran que muchos de los principios técnicos de Trabajo Social son compatibles en lo que se refiere a los mandatos de alta calidad, orientación funcional y el costo eficiente (Soskis, C. 1985, y Cowles, L.A (2000). Esta compatibilidad se atribuye a las otras profesiones de salud con respecto a la eficiencia y destrezas de los trabajadores sociales movilizando pacientes a travéz del centro hospitalario.

Conclusión:

Los trabajadores sociales en centros hospitalarios, necesitan educar al personal médico, administradores, y otros profesionales de salud acerca de su contribución en la atención a los pacientes y familiares en la eficiencia del sistema para alcanzar este objetivo. La educación va a enfatizar no solamente el contenido y propósito de la intervención del trabajador social en las diferentes áreas, también va a enfatizar su habilidad y destrezas de demostrar y comunicar sus intervenciones. El trabajador social debe usar este entendimiento para reflexionar en la evaluación de sus intervenciones y sagacidad en desarrollar nuevos entendimientos sobre su relación y colaboración con otros profesionales de salud. El trabajador social con precisión y análisis cuidadoso de planeamiento, puede establecer un claro dominio de su práctica en el complejo centro hospitalario.

Intervenciones del trabajador social en centros hospitalarios, especialmente la sala de emergencia, unidad de cuidados intensivos y unidades de medicina general, es una especialidad donde más conocimientos son necesarios. A pesar de esto, estudios de investigación echo por trabajadores sociales en estas áreas son limitados, especialmente si se compara con investigaciones echas por otras disciplinas, tales como Medicina y Enfermería. Hasta la fecha, no se han conducido estudios empíricos acerca de la efectividad de la intervención del trabajador social en los centros hospitalarios.

Existe la necesidad por parte de los trabajadores sociales y la profesión en aclarar la función y la intervención del trabajador social. Debido al énfasis de la intervención del trabajador social con pacientes, familias, colaboración con el personal médico y otros sistemas dentro del centro hospitalario; se puede postular que Trabajo Social tiene una oportunidad importante para hacer contribución de práctica. Para continuar con el proceso que se ha adquirido hasta ahora, los trabajadores sociales deben definir su función e intervención dentro del ambiente hospitalario, mientras que simultáneamente preservan sus valores, conocimientos, destrezas y ética profesional.

Conclusión:

Las intervenciones en Trabajo Social son seleccionadas en base a los problemas, necesidades y habilidades de los clientes. Estas son determinadas en base al resultado de la evaluación psicosocial conducida por el trabajador social.

1. **Intervención y Desarrollo.** La investigación debe ser conducida para el desarrollo y modelo de intervenciones, así como también para la identificación de las barreras estructurales para su implementación en la institución.

2. **Coordinación de Sistemas.** Una mejor comunicación y coordinación de servicios es necesaria entre el centro hospitalario.

3. **Convenio con Pacientes.** El desarrollo de una publicación eficiente y la transmisión de los servicios a individuos y familias son esenciales debido al reto de trabajar con personas muy enfermas, desafiantes o sospechosas del tratamiento, usuarios de múltiples servicios y personas de diferentes grupos socioculturales.

4. **Medidas de Temas.** Nuevos avances para el diseño y evaluación son necesarios para identificar los objetivos en las personas que utilizan los servicios del hospital, identificar la dinámica entre el trabajador social y el paciente/familia (qué ocurre en la intervención), e identificar las diferencias en el lugar de la práctica profesional del trabajador social.

5. **Colaboración Profesional.** Trabajadores sociales en estudios de investigación deben de unirse de una manera eficaz con investigadores de otras disciplinas (medicina/enfermería) para mejorar el conocimiento y efectividad de la intervención del trabajador social en el centro hospitalario.

REFERNCIAS

Auslander, G.K. (2000). Outcome of social work intervention in health care settings. Social Work in Health Care, 31 (2) 31-46

American Fact Finder (2009). U.S. Census Bureau. Population estimates for New York State by County-retrived on July 2008).

Barker R L. (1998). Milestones in the Development of Social Work and Social Welfare. Washington, DC NASW Press.

Beder, J. (2006). Hospital Social Work: The interface of medicine and caring. Routlege: New York

Bronx Lebanon Hospital Center (2007). Department of Medicine. Bronx, New York: Author.

Elliot, M. (1987). Roles and functions of social work. Encyclopedia of Social Work. 18th ed, (pp. 500-502). Washington, DC: NASW Press.

Cowles, L.A (2000). Social work in the health field: A care perspective. New York: The Haworth Press.

Davidson, K. (1998). Role blurring and the social worker's search for a clear domain. Health and Social Work, 15, 228-234

Misrahi, T., Abramson, J. (2000). Collaboration between social workers and physicians: Perspectives on a share case. Social Work in Health Care (pp.31-33).

National Association of Social Workers (2000). Code of Ethics of the National Association of Social Workers. Washington, DC: Author.

Rher, H., Blumenfield, S., & Rosenberg, G. (1998) Creative social work in health care: Clients, the community, and your organization. New York: The Mount Sinai Medical Center. Press.

Wrenn, K., Rice, N. (1993). Social work services in the emergency department: An integral of health care safety net. Academy of Emergency Medicine, I, 247-253. XVI.

CAPITULO TRES

Trabajo Social y la Importancia de la Comunicación con Familiares de Pacientes Admitidos a la Unidad de Cuidados Intensivos (UCI)

Las personas se ponen nerviosas y ansiosas cuando uno de sus familiares se enferma y es admitido (a) a la unidad de cuidados intensivos (UCI), causado por el miedo de que el/la paciente se va a rendir y va a morir pronto. El trabajador social en la UCI brinda apoyo emocional (psicoterapia) a los familiares, también les brinda guía y orientación para mantener la confianza en la recuperación del paciente.

El trabajador social ayuda a que los familiares se imaginen y hablen de cómo será la vida en el futuro, también brinda apoyo emocional y valor, así ellos pueden expresar sus emociones, las cosas importantes que necesitan decir y apreciar el tiempo que les queda juntos con el paciente en una manera positiva y significativa.

Los familiares reaccionan de diferentes maneras cuando reciben la noticia de un diagnóstico irreversible y la terrible sugerencia de que es el momento de hablar de los deseos del paciente y decisiones médicas. Dependiendo de una variedad de factores, incluyendo la edad del paciente, tiempo con la enfermedad, y personalidad, algunas personas pueden no estar de acuerdo en aceptar la realidad y se deprimen. Otros pueden negar el concepto y continúan como estaban. Quizás es el miedo lo que causa estas respuestas. La reacción de los familiares a enfermedades y muerte varía, algunos reaccionan con depresión, enojo, ansiedad, gritos al personal médico y al trabajador social. Otros sienten pánico, lloran, insultan, gritan, o se van. Aguilera y Messick (1974), atribuyen las diferencias individuales en respuestas a los siguientes factores:

a). La percepción individual a los eventos de tensión

b). La disponibilidad de un sistema de apoyo

c). Los mecanismos de defensa utilizados por la personas para enfrentar eventos.

Todos ellos son capaces de expresar la pena a su manera. El trabajador social interviene estando allí presente, siendo sensible a las necesidades de los familiares, permitiéndoles a que expresen sus sentimientos a su manera, y asegurándoles que su ser querido esta recibiendo atención de calidad.

No importa cómo los familiares enfrentan la situación de crisis, ellos tienen muchas razones para tener confianza en la recuperación del paciente. Los familiares pueden tener confianza para:

1. Tener más tiempo con el/la paciente de lo que los médicos inicialmente sugirieron.

2. Tener más oportunidades para ir a lugares que siempre quisieron ir con el paciente pero nunca lo hicieron.

3. Tener más tiempo para expresar sus deseos acerca del cuidado del final de la vida y arreglos del funeral.

4. Tener más tiempo de decirle al paciente todas las cosas que siempre quisieron decirle pero nunca lo hicieron.

5. Tener la oportunidad de explorar o confirmar el significado espiritual de vivir y morir.

6. Tener la oportunidad de decirle al el/la paciente lo importante que fue en sus vidas.

7. Tener más tiempo para compartir sus deseos con otros miembros de la familia.

8. Tener más días de sentirse mejor en vez de mal.

9. Tener más tiempo para simplemente disfrutar la presencia de los que aman.

10. Estar tranquilos y sin pena.

Buena comunicación depende no solamente de parte del trabajador social sino también de los que cuidan y atienden a los pacientes. El idioma puede ser ambivalente, llevando a malentendidos genuinos y las necesidades de los pacientes y familiares no siempre pueden ser iguales. Esto puede llevar a que el trabajador social se sienta "incómodo" al tratar de cumplir con las necesidades de los pacientes y también de sus familiares.

Al comunicarse con los familiares acerca de enfermedades incurables y de riesgo de muerte del paciente, el trabajador social debe de prestar atención al medio ambiente. Estar parados en el corredor o en la sala de espera no es recomendable. Llevar a los familiares a un lugar tranquilo y privado para discutir la importancia de la reunión y el hecho de que la noticia pueda ser "mala," puede tener un impacto psicológico positivo.

Malas noticias se pueden decir una manera sensible y honesta, al ritmo de los familiares, de esa manera ellos pueden indicar cuando quieren parar y hacer preguntas si es necesario. Si las noticias son dadas abiertamente, estas pueden llevar a la negación. Existe siempre un nivel de asombro después de las malas noticias, por eso algo de tiempo debe de darse antes de tratar de coger las piezas explorando los sentimientos de los familiares.

La negación puede ser un mecanismo de defensa válido para aquellos que no pueden o no están listos para adaptarse a la realidad de una mala noticia. La discusión honesta y sincera permitirá a los familiares asegurarse que los puntos de consideración los ayudará a calmarse, a planear y adaptarse a la realidad y puede ayudarles a expresar sus sentimientos y sus emociones.

Cuando las personas descubren que alguien que ellos aman está grave y se va a morir en un futuro cercano, con frecuencia sienten fuertes reacciones emocionales, las cuáles tienen que ser expresadas. Todos ellos son capaces de expresar sus sentimientos y emociones a su manera.

Aceptar el final de la vida puede ayudar a que los familiares se unan y mejoren su relación y se apoyen entre ellos. A pesar de la tristeza de la ocasión, la confianza es un factor positivo para superar la pena y el miedo. Es por eso que es importante mantener una cercana comunicación con los familiares de los pacientes admitidos a la UCI.

Preguntas Difíciles Que Hacen Los Familiares d los Pacientes:

1. ¿Se va a recuperar?
2. ¿Porqué nosotros?
3. ¿Cuánto tiempo le queda?
4. ¿Qué va a pasar después de esto? (final de la vida)

Reacciones Emocionales:

1. *Cólera:* con frecuencia es dirigida hacia otros, incluyendo al trabajador social o personal médico
2. *Culpa:* pensar que la enfermedad o muerte del paciente es un "castigo" por no haberse cuidado.
3. *Acusar:* creencia que la presente situación es culpa de otros.

De acuerdo con Kübler-Ross (1969), las personas pasan por cinco etapas durante la pérdida de un miembro de la familia a causa de la muerte:

1. *Conmoción y negación*: Es la reacción inicial al recibir malas noticias
2. *Enojo:* puede desplazarse y proyectarse hacia otras personas
3. *Negociar:* pedir por más tiempo
4. *Depresión:* empieza la pena.
5. *Aceptación:* si las personas han tenido suficiente tiempo y han podido sentir las etapas anteriores, entonces podrán aceptar la pérdida de su ser querido.

Al tratar con las emociones mencionadas, el trabajador social debe de establecer su causa, si es justificada, y hacia dónde y a quién está enfocada. A los familiares se les puede ayudar a encontrar la causa de sus sentimientos y emociones, de esa manera evitar que se enojen con el trabajador social y el personal médico. Esto puede resultar en un desfogue saludable de sus sentimientos y emociones.

La tensión post-traumática, ansiedad, y depresión, son condiciones comunes de los familiares en la UCI, particularmente cuando tienen que hacer decisiones sobre el plan de tratamiento, incluyendo el final de la vida de un ser querido que no lo puede hacer por sí mismo. Los familiares no entienden la información básica acerca del diagnóstico, pronóstico o tratamiento del cuidado crítico y experimentan grandes niveles de ansiedad, frustración, depresión y el plan de atención médica depende de los deseos de los pacientes y sus familiares. Reportado en el New England Journal Of. Medicine, Darmon B. y Colegas (2007) cuantificaron el efecto de una intervención diseñada para mejorar la comunicación entre el personal médico de la UCI y miembros de la familia de los pacientes. El estudio demostró que la reunión con los familiares con una estructura específica les permite a ellos expresar sus emociones y alcanzar resultados y expectativas realistas.

La base para la guía de intervención del trabajador social el cuál sirve para ayudar a los familiares en la UCI se basa en lo siguiente:

1. Valorar y apreciar lo que los familiares tienen que decir.
2. Reconocer las emociones de los familiares utilizando resúmenes de información reflectiva.
3. Prestar atención.
4. Entender quién fue el/la paciente como persona al hacer preguntas directas.
5. Estimular preguntas de los miembros de la familia.

Trabajadores sociales de la UCI deben recibir preparación y adiestramiento que les permita dar la clase de apoyo y atención que ellos quisieran recibir o en el caso de que tengan un familiar que está grave y con posibilidades de muerte.

Los familiares pueden tener un impacto positivo en la recuperación del paciente. Ellos actúan como apoyo para controlar la ansiedad del paciente y sirven como recurso valioso para su recuperación. Cuando la ansiedad entre los familiares es alta, ellos no pueden apoyar o ayudar a que el paciente se alivie y le pueden transferir su ansiedad o hacia otros. La ansiedad de los familiares se puede manifestar a través de la desconfianza hacia el personal médico, no cumplir con el régimen del tratamiento, cólera e insatisfacción con el tratamiento, inclusive con amenazas de demandas legales.

A manera que los familiares sufren con la preocupación y ansiedad, la naturaleza crítica de la enfermedad puede causar cambios dentro de la unidad familiar. Que estos cambios sean beneficiosos o adversos depende, en parte de la clase de intervenciones programadas por el trabajador social. Debido a que la reacción de los familiares a la admisión del paciente a la UCI tiene implicaciones emocionales, ellos se benefician cuando el trabajador social interviene para asegurar un apoyo óptimo para el funcionamiento normal de los familiares.

¿Qué Necesidades Tienen los Familiares de los Pacientes?

Basado en la experiencia y observación del autor en la UCI, los familiares de los pacientes tienen varias necesidades. De acuerdo con Freichels TA (1991), estas necesidades están agrupadas en cinco áreas que son universalmente experimentadas por la mayoría de los familiares de los pacientes admitidos a la UCI:

1. Recibir seguridad, reflejando la necesidad de mantener esperanza y hablar acerca de la recuperación del/la paciente. Lograr esta necesidad promueve confianza, seguridad, y libertad de duda.
2. Permanecer cerca del paciente, reflejando el deseo de unir y mantener la relación familiar. Lograr esta necesidad puede ayudar a que los familiares estén cerca y den apoyo emocional al paciente.
3. Recibir información, reflejando el entendimiento de la condición del paciente. Lograr esta necesidad pone la base para que la familia haga decisiones y ayude al paciente. La ansiedad de la familia se reduce y promueve el sentido de control.
4. Estar cómodos, reflejando la necesidad de reducir tensión. Cuando se está cómodo, se conserva energía y se reduce la ansiedad.
5. Tener apoyo disponible, reflejando la necesidad por la ayuda experta, asistencia o auxilio. Lograr esta necesidad ayuda a lidiar con la ansiedad, mejora los recursos de la familia y mantiene fuerzas para apoyar al paciente.

Durante la admisión del/la paciente a la UCI la comunicación con los familiares es un componente importante de la práctica de Trabajo Social. A los familiares se les da la oportunidad de hacer preguntas, de expresar sus preocupaciones, y sus emociones.

Intervención del Trabajador Social con Familiares de Pacientes Que No Tienen Capacidad Emocional Para Hacer Decisiones Médicas:

El trabajador social enfrenta muchas situaciones de ética profesional en la UCI. Una de estas situaciones tiene que ver cuando el paciente no tiene capacidad emocional para hacer decisiones. El código de ética de la Asociación Nacional de Trabajadores Sociales de Norteamérica(2000), ofrece a los trabajadores sociales un grupo de valores y principios que sirven como guía para ayudar a los familiares para hacer decisiones. Una de estas situaciones tiene que ver con la capacidad emocional de las personas que debido a su condición crítica de salud no puede hacer decisiones acerca de su tratamiento médico (NASW Code of Ethics, siglas en Inglés, 2000),

Cualquier persona de 18 años o mayor que esté admitida al hospital se le presume que tiene capacidad emocional para hacer decisiones médicas a menos que se indique lo contrario. La capacidad de hacer decisiones consiste en la habilidad de elegir o rechazar su propio cuidado médico. Algunas personas no pueden hacer decisiones de cuidado médico debido a su condición médica o una deficiencia cognitiva. Falta de capacidad para hacer decisiones es sujeta a varios cambios. Por ejemplo, una persona que ha sufrido una leve herida de trauma cerebral puede resumir su capacidad de hacer decisiones médicas. Por el contrario, una persona con retardación mental nunca ha tenido la capacidad de hacer decisiones médicas. Las personas que no tienen la capacidad para hacer decisiones necesitan ayuda de otros. Algunas de estas decisiones pueden ser difíciles y pueden crear dilemas de ética profesional.

De acuerdo a la Asociación Nacional de Trabajadores Sociales (NASW siglas en Inglés, 2000), cuando un paciente no tiene capacidad para dar consentimiento para su tratamiento médico, el trabajador social debe abogar por la protección de sus intereses y derechos. Para los pacientes que no tienen capacidad de hacer decisiones, el trabajador social colabora con el personal médico para informar a los familiares basado con su nivel de entendimiento siendo este consistente con las creencias y valores del paciente. Esto se consigue en la reunión con los familiares del paciente y el personal médico al intercambiar información acerca de la condición del paciente, identificando los valores y creencias, deseos del paciente y discutiendo opciones y limitaciones de tratamiento.

El siguiente es un ejemplo que tubo que ver con decisiones de ética con respecto al final de la vida. El nombre del paciente y los hechos han sido alterados para proteger la privacidad del paciente.

Ilustración:

Don Pedro es un señor de 85 años residente de una institución para ancianos. Don Pedro fue admitido al hospital con severo problema respiratorio y derrame cerebral que le afectó su capacidad para hacer decisiones. Don Pedro no tenía un agente que pudiera compartir sus creencias, valores y decisiones de tratamiento médico, y fue atendido en la sala de emergencia y luego transferido a la Unidad de Cuidados Intensivos (UCI). El trabajador social se pudo comunicar con su hija y acordaron una reunión con el personal médico. El médico tratante explicó en detalle el tratamiento que se le estaba dando al paciente y como él no respondía. La condición del paciente y su pobre pronóstico de recuperación en el evento de un paro cardiaco fue explicada a la hija de Don Pedro y otros miembros de su familia que también estuvieron presentes. El trabajador social intervino promoviendo comunicación entre los familiares de Don Pedro y el personal médico. Este fue el momento donde el apoyo emocional fuera importante para la hija de Don Pedro y sus familiares.

Cuando un paciente no tiene capacidad emocional para hacer decisiones médicas y siendo esto probable que no se recupere, la tarea del trabajador social es localizar y hablar con sus familiares o amigos para averiguar si el paciente alguna vez habló de sus deseos en caso el/ella no pudiera hacer decisiones. En el caso de Don Pedro, el trabajador social asistió a su hija y otros familiares a identificar y aclarar sus valores y creencias, con el esfuerzo de mantener sus deseos. La reunión con la hija y familiares de Don Pedro tuvo lugar para discutir e intercambiar información y aclarar su capacidad de entendimiento sobre la información presentada por el médico tratante y hacer preguntas que fuesen necesarias.

Los siguientes familiares o sustitutos del paciente pueden dar consentimiento para el tratamiento en caso el paciente no esté capacitado para hacerlo:

- *Esposa (o) legal*
- *Padres*
- *Hermanos*
- *Hijos adultos*
- *Miembros adultos de la familia.*

Estas personas están activamente relacionadas con el paciente.

El trabajador social reconoce y respeta la dignidad de las personas. Trabaja con múltiples sistemas y está atento a las diferencias individuales resolviendo conflictos que son consistentes con los valores, principios de ética y normas de la profesión de Trabajo Social. Existe la necesidad de un acercamiento organizado que incluya una guía para los profesionales de salud, familiares y otros grupos de importancia en trabajar juntos y estar de acuerdo con los planes de atención médica. Control, predeterminación, conexión y significado que ayude a los familiares a controlar sus temores, miedos, concentrar su energía y hacer decisiones significantes con la guía y apoyo del trabajador social. La reunión con los familiares puede ayudar a lograr una discusión honesta sobre metas y deseos de atención médica.

El Trabajador Social Como Facilitador de la Reunión con Familiares:

El trabajador social debe estar comprometido en lo que respecta al interés del paciente y la familia, tener habilidades de comunicación, ser experto en dirigir reuniones con familias, entender el proceso de trabajo de grupo, tener preparación en dinámica familiar y tener habilidad en enfocar las preguntas y respuestas emocionales dentro de actividades importantes. El tiempo de duración de la reunión con los familiares varía debido al número de los miembros presentes, la complejidad de la situación, el tiempo necesario para expresar emociones, necesidad para reunir información adicional de los médicos, y la habilidad de alcanzar un acuerdo dentro de los familiares y el personal médico. El trabajador social puede identificar conflictos dentro de los familiares que puedan ser utilizados contra una decisión acordada. Manteniendo el enfoque en lo que es lo mejor para el/la paciente puede ayudar a superar los problemas y conflictos entre los familiares.

Aunque muchos de los recursos y guías de comunicación están disponibles, una de las maneras más prácticas de facilitar la comunicación acerca de su contenido emocional ha sido descrita por Kirk y Colegas (2004) que incluye:

1. ser justo,
2. mantener el curso,
3. dar tiempo,
4. demostrar que las personas son importantes,
5. cubrir información pertinente.

Actualmente, no existen fórmulas que reúnan las necesidades de los familiares.

El trabajador social trata de organizar la información y recomendaciones proporcionadas por el personal médico de la UCI con las necesidades emocionales de los familiares y su proceso cognitivo para aumentar el sentido de control, conexión y significado. Dentro de este contexto el/la paciente recibe la atención más apropiada, mientras que los familiares están más dispuestos a desarrollar mecanismos de defensa y controlar su pena y temores por la inevitable pérdida de su ser amado. Finalmente, la información y el proceso experimentado por los familiares en la reunión pueden ser usados para hacer ajustes de deseos de atención a manera que la situación cambia. El trabajador social también puede desempeñar una función de apoyo y colaboración al mantener constante comunicación con los familiares y el personal médico.

Competencia Cultural:

Existe la necesidad por una cercana comunicación con los familiares de los pacientes. Los obstáculos deben superarse cuando el trabajador social interviene con familiares que no hablan el idioma Inglés. Las barreras para una eficiente comunicación, diferencias en actitudes acerca de la atención médica, y otros malentendidos interfieren con la buena atención médica para estas familias. Tales barreras se pueden superar cuando el trabajador social y el personal médico son culturalmente competentes y pueden garantizar buena comunicación con pacientes y familiares de ellos.

Lum D. (1999), define competencia cultural *"al conjunto de conocimientos y destrezas que los trabajadores sociales y profesionales de salud deben desarrollar para poder ser eficaces con pacientes multiculturales."* Trabajo social multicultural trata sobre varios componentes de cultura el cual incluye, género, raza, edad, orientación sexual, religión, etc. Green D. (1982-1999), autor de "Culture Awareness in the Human Services," acertó al decir que la práctica de competencia étnica requiere el adquirir una base de conocimiento, preparación profesional, e intervenciones adecuadas para poder comparar y entender culturalmente mundos diferentes. Como fuera mencionado por Betancourt J. R. (2004), cultura es un conjunto de creencias aprendidas, valores compartidos, estilos de comunicación, prácticas, costumbres, y puntos de vista con respecto a funciones y relaciones. El concepto abarca más allá de la raza, historia étnica, y país de origen.

Las actividades diarias del autor con pacientes y familiares de habla Castellana proporcionan entendimiento sobre la complejidad de la comunicación bilingüe y bicultural en el centro hospitalario, especialmente en la UCI. Estas experiencias también pueden extenderse a otros pacientes y familiares de idiomas extranjeros. Aquellos trabajadores sociales y personal médico en la UCI que no hablan el Castellano con frecuencia tienen problemas de comunicación con pacientes y familias de habla Castellana. Habiendo tenido la experiencia de ser entrevistado por personal médico cuando por primera vez el autor arribó del Perú a los Estados Unidos, el autor es consciente de los problemas que tienen los pacientes y familias que no hablan el Inglés.

No todas las personas que hablan castellano son iguales. Todos tienen diferentes historiales sociales y culturales. Los países Hispano parlantes son diferentes geográficamente, costumbres específicas, mezclas raciales y étnicas. Los Latinoamericanos están asociados con diecinueve países de habla Castellana en el Caribe, América Central y América del Sur. Los siguientes países son: Cuba, República Dominicana, Puerto Rico, Costa Rica, El Salvador, Nicaragua, Panamá, Guatemala, Honduras, México, Bolivia, Paraguay, Uruguay, Ecuador, Venezuela, Colombia, Chile, Perú, y Argentina. Estos países comparten una historia y colonización, similitudes en su relación y adaptación con la Iglesia Católica, en su dominio del idioma Castellano, y sus mezclas étnicas y culturales. Como resultado de lo mencionado anteriormente, ellos también comparten patrones culturales. Actitudes culturales y creencias se descubren y son mejor entendidas a través de la conversación, y un mejor y preciso historial resulta cuando esas creencias y actitudes son tomadas en consideración. El tener que depender de traductores cuando los trabajadores sociales y el personal médico trata de entrevistar a pacientes o a sus familiares puede ser frustrante para ambos (pacientes, familiares, personal médico). La comunicación no es precisa, aún cuando el traductor es excelente. Otro factor de frustración es que los trabajadores sociales y el personal médico no tienen control cuando dependen de traductores, y tienen dificultad en obtener información. Una explicación para esto es que ni el trabajador social ni el personal médico pueden comunicarse directamente ni con el paciente ni con los familiares.

Una adecuada intervención con pacientes y familias que solamente hablan el Castellano requiere de un firme entendimiento de dos idiomas complejos, además requiere de la habilidad de comunicarse eficientemente en cualquier idioma a diferentes niveles. Los pacientes y los miembros de sus familiares no están entrenados y no tienen experiencia y pueden sufrir un dramático desenlace cuando son confrontados con la tensión heredada en el contexto de la enfermedad y la admisión a la unidad de cuidados intensivos (UCI).

Los trabajadores sociales que no hablan el castellano pueden enfrentar retos importantes al evaluar las necesidades psicosociales de los pacientes y sus familiares en la UCI. Estos incluyen:

1.- Inadecuada comunicación.
2.- Inadecuada provisión de servicios.
3.- Inadecuada definición de problemas y necesidades.
4.- Falta de entendimiento adecuado del funcionamiento del individuo y dinámica familiar.

Evaluar problemas de situaciones y necesidades de los pacientes y sus familiares pueden suceder por falta de entendimiento y aprecio de los contenidos étnicos-culturales, y socio económicos, los cuales son importantes para el entendimiento de actitudes acerca de las necesidades de salud y conductas. La dificultad en evaluar también puede ocurrir cuando el trabajador social no tiene el adiestramiento adecuado para intervenir en la unidad de cuidados intensivos (UCI).

Conclusión:

Las reuniones con los familiares de los pacientes demuestran ser una manera efectiva para que sus miembros puedan discutir temas emocionales y hacer decisiones difíciles. Claramente la más tensa de ellas es la decisión de parar *tratamientos inútiles* de un ser amado. El extraer los valores y deseos de la familia en un lugar abierto y honesto donde hay tiempo suficiente para compartir emociones y discutir temas difíciles, las conexiones entre los deseos expresados y las recomendaciones de los médicos pueden crear un ambiente de confianza. Las reuniones con los familiares ayudan a la familia porque la información compartida por el trabajador social y el personal médico es escuchada por todos a la misma vez. Los miembros de la familia valoran la oportunidad de hacer preguntas al personal médico, y el trabajador social. También esta es la oportunidad para expresar emociones (pena, llorar, enojo), y manifestar apoyo emocional *"al tocar"* y con expresiones verbales de afecto en un ambiente tranquilo y de apoyo.

Para algunos miembros de la familia esta puede ser la primera vez que ellos se han permitido pensar y hablar acerca de la realidad de la situación. Si él/la paciente es de alta jerarquía en la familia, la reunión familiar puede empezar el proceso de un nuevo alineamiento familiar de poder estructural. Este es el momento donde el conflicto familiar puede empezar con respecto a hacer decisiones. Para la mayoría de los familiares, el deseo de hacer lo mejor para el paciente pensando en sus deseos, sirve de estímulo para trabajar juntos.

El objetivo principal de la reunión con los familiares de los pacientes es asegurar que los deseos del paciente sean respetados, que los familiares estén enterados de esos deseos, que reconozcan que todo lo que se debe hacer se haga, y que los médicos están haciendo lo mejor que pueden para salvarle la vida y se recupere. El trabajador social debe de explicar claramente la razón y resultados deseados al comienzo de la reunión. Por ejemplo, el trabajador social puede decir, *"aquí estamos hoy día para entender los valores y deseos de su ser amado, discutir su condición médica, qué está sucediendo con él/ella ahora, las implicaciones de la situación (especialmente el pronóstico de recuperación), y hacer juntos las decisiones del paciente con respecto a los próximos pasos a seguir basado en las recomendaciones de los médicos."*

El dominio médico y psicosocial están conectados al sistema de salud. El campo psicosocial de Trabajo Social es la base para crear una nueva sociedad con pacientes, familiares, médicos y enfermeros en un ambiente tenso y lleno de emociones, especialmente la UCI. El reto para los trabajadores sociales es el poder demostrar la relevancia de su capacidad intelectual y destrezas clínicas para atender las diferentes necesidades emocionales de los familiares. Controlar las reacciones psicosociales, espirituales y prácticas existenciales de los pacientes y familiares es la base para una acción efectiva para resolver problemas.

Los aspectos prácticos de establecer metas realistas de atención médica entre los profesionales de salud, comunicando de una manera eficiente con los familiares en crisis; utilizando las diversas respuestas ambiguas y emocionales de los familiares terapéuticamente, y ayudando a crear sentido en la experiencia son importantes para la familia. La reunión con los familiares de pacientes admitidos a la UCI es de importancia por ser un excelente vehiculo para crear un ambiente de comunicación honesto enfocado en movilizar recursos para el paciente, la familia y el personal médico hacia un plan de acción mutuo que resulta en metas claras de atención.

REFERENCIAS

Aguilera, DC. y Messick, JM. (1974). Crisis intervention: Theory and Methodology. St. Luis: C.V. Mosby Co. p. 631

Curtis JR, Patrick DL, Shannon SE. (2001). The family conference as a focus to improve communication about end of life care in the Intensive Care Unit: Opportunities for improvement. Crit. Care Med. 29(2 suppt): N 26-23

Darmon, B. Lautrette, A.Megarbane, L.M. Joly, S. Chevret, C. Adrie, D. Barnaut, G. Bleichner, C. Bruel, G. Choukroun, et al (2007). A Communication Strategy and Brouchure for Relatives of Patients Dying in the ICU. New Engl. L. Med., 356(5): 469-478.

Freichels TA. (1991). Needs of family members of patients in the intensive care unit over time. Crit. Care Nurs. Q. 14(3):16-29.

Kira P, Kira I, Kristjanson (2004). What do patients receiving palliative care for cancer and their families want to be told. An Australian and Canadian Qualitative Study. BMJ; 328:1343.

Kübler-Ross, E. (1969). On death and Dying: What the dying has to teach to Doctors, Nurses, Clergy, and their families. Publisher: Simon & Scuster Adult Publishing Group. Edition Number 1.

Nacional Association of Social Workers (2000). Code of Ethics of the National Association of Social Workers. Washington, DC: Author.

Betancourt J R. (2001). Cultural Competence-Marginal or mainstream movement? New England Journal of Medicine; 351-953-955

Department of Medicine (2007). Bronx Lebanon Hospital Center, Bronx, New York.

Green, J. (1999). Cultural Awareness in the Human Services 2nded. Englewood Cliffs, NJ: Prince Hall

Green, J. (1999). Cultural Awareness in the Human Services 3rd ed. Englewood Cliffs, NJ: Prentice Hall

Lum, D. (1999). Culturally Competence Practice. Pacific Grove, CA: Books/ Cole

CAPÍTULO CUATRO

Intervención del Trabajador Social con los Familiares de Pacientes con Demencia En la Unidad de Cuidados Intensivos

¿Qué es Demencia?

De acuerdo a la Alzheimer's Association (2010), el término de la demencia se usa para describir un grupo de síntomas, los cuales incluyen un serio déficit en la memoria (creado por cambios anormales en el cerebro), y dificultades en una de las siguientes áreas:

1. Funcionamiento social (confusión con el tiempo y lugar), impactando el funcionamiento en el hogar/situaciones sociales y en el trabajo.
2. Cambios de personalidad (confusión, descuido en la apariencia).
3. Dificultad para pensar, dificultad para planear o resolver problemas y completar actividades tales como: manejar o pagar cuentas.
4. Deterioro de juicio.

La demencia es la forma más común de la enfermedad del Alzheimer. Esta enfermedad lleva el nombre de Alois Alzheimer quien en 1906, examinó el cerebro de una mujer de 51 años que había sufrido de demencia antes de morir (Veterans Administration Medical Center, 1989).

Hay 70 causas de demencia, la enfermedad de Alzheimer es la más común y aproximadamente incluye entre el 50% - 75% de todas las demencias. De acuerdo al reporte del Alzheimer's Association (2010), "hechos y cifras de la enfermedad de Alzheimer, tanto como 5, 3 millones de personas en los Estados Unidos viven con la enfermedad de la demencia y 19 millones de personas tienen un familiar con demencia." El Alzheimer y otras demencias triplican el costo de salud de los Americanos de 65 años o más; y cada 70 segundos alguien desarrolla la enfermedad de demencia (Alzheimer's Association, 2010). De acuerdo al mismo reporte, "Afro-Americanos y Latinos tienen una mayor probabilidad de desarrollar demencia, pero menor probabilidad de que se les diagnostique temprano." La demencia muestra anormalidades en el cerebro, comúnmente referidas como placas y ovillos. El tamaño del cerebro disminuye significativamente y las placas y ovillos impactan las partes del cerebro que controlan: *habla, resolución de problemas, emociones, reacción a la estimulación sensorial y juicio.* Las personas con demencia cada día son menos capaces de cuidar de sí mismos. La demencia no distingue razas o culturas y la experiencia es similar en todos los grupos étnicos (Alzheimer's Association, 2010).

Cualquier persona de 18 años o mayor que esté admitido (a) al hospital (incluyendo la UCI) se le presume que tiene la capacidad emocional para tomar decisiones médicas a menos que se indique lo contrario. La capacidad de tomar decisiones consiste en la habilidad de elegir o rechazar su propio tratamiento médico. Algunas personas no pueden tomar decisiones debido a su condición médica o una deficiencia cognitiva. Falta de capacidad para tomar decisiones es sujeta a varios cambios. Por ejemplo, una persona que ha sufrido una leve herida de trauma cerebral puede resumir su capacidad de tomar decisiones. Por lo contrario, una persona con demencia ha perdido toda la capacidad de tomar decisiones y necesita ayuda de otros. Algunas decisiones pueden crear dilemas de ética profesional como por ejemplo el descontinuar el tratamiento médico sin antes saber los deseos del paciente.

De acuerdo a la National Association of Social Workers (NASW, siglas en Inglés, 2002), cuando un paciente no tiene capacidad para dar consentimiento a su tratamiento médico, y no tiene documentado sus instrucciones y deseos médicos, ni quién lo represente, el trabajador social debe abogar por la protección de sus intereses y derechos. Para los pacientes con demencia y que son admitidos a la UCI, el trabajador social colabora con el personal médico informándole a la familia de acuerdo al nivel de entendimiento de ellos, siendo este consistente con las creencias y valores de el/ la paciente. Esto se consigue durante la reunión con los familiares, intercambiando información acerca de la condición del paciente, identificando los valores y creencias, deseos del paciente y discutiendo opciones y limitaciones de tratamiento médico.

¿Qué Necesidades Tienen los Familiares de los Pacientes con Demencia en la UCI?

Basado en la experiencia y observación del autor, la UCI es el lugar del hospital que tiene mayor impacto en los familiares de los pacientes. Falta de privacidad, monitores, ruido, así como también la necesidad de procedimientos médicos urgentes que causan impactos emocionales a pacientes y familiares. La UCI tiene un alto nivel de actividad a toda hora. Intervenciones y procedimientos urgentes y el cambio súbito de la condición del paciente es esperado con frecuencia con un pronóstico de recuperación o muerte. Los familiares se ponen nerviosos cuando un ser querido sufriendo de demencia es admitido a la UCI, causado por el miedo de que el paciente se pueda morir. Debido a esta situación tensa los familiares tienen varias necesidades. De acuerdo con Freichles, T. A (1991), estas necesidades están agrupadas en cinco áreas que son universalmente experimentadas por la mayoría de los familiares de los pacientes que son admitidos a la UCI:

1. *Recibir seguridad;* reflejando la necesidad de la recuperación del paciente. Lograr esta necesidad promueve confianza, seguridad y libertad de duda.
2. Tener la relación familiar. Lograr esta necesidad puede ayudar a que los familiares estén cerca y den apoyo emocional al paciente.
3. *Recibir información;* reflejando el entendimiento de la condición del paciente. Lograr esta necesidad pone la base para que la familia haga decisiones y ayude al paciente. La ansiedad de la familia se reduce y promueve el sentido de control.

4. **Estar cómodos** reflejando la necesidad de reducir la tensión. Cuando se está cómodo, se conserva energía y se reduce la ansiedad.

5. **Tener apoyo disponible;** reflejando la necesidad por la ayuda experta, asistencia o auxilio. Lograr esta necesidad ayuda a lidiar con la ansiedad, mejora los recursos de la familia y mantiene fuerzas para apoyar al paciente.

Entendimiento Público y Social/Respuesta de los Gobiernos Acerca de la Demencia:

Gente alrededor del mundo están más concientes de la demencia y no solo están demandando respuestas de los gobiernos para encontrar medios de prevenir o curar esta enfermedad, pero también el desarrollo de respuestas sociales de las personas afectadas y familiares que necesitan ayuda. De acuerdo al reporte de la Alzheimer's Association (2010), esfuerzos de la investigación fueron descritos en presentaciones durante el Congreso de Alzheimer que tuvo lugar en Julio del año 2000 en Washington, DC, donde asistieron 5,000 participantes de muchas naciones. Reportes de tales eventos, programas especiales de televisión, revistas y artículos de periódicos acerca del Alzheimer ya sean acerca de nuevas posibilidades de tratamientos o experiencias individuales, han puesto a esta enfermedad en el ojo público y han contribuido a la construcción social de la enfermedad, la cuál ha sido dominada por la intervención médica.

Intervención del Trabajador Social con Familiares de Pacientes con Demencia En La Unidad de Cuidados Intensivos:

La Unidad de Cuidados Intensivos (UCI) es el lugar donde se da atención a pacientes con crisis vitales, esto quiere decir que uno o más de sus órganos vitales requiere intervención y observación continua del personal médico. No se puede negar que tales circunstancias son causa de tensión y angustia para la familia del enfermo. Este es por lo tanto el lugar donde el trabajador social desempeña diferentes funciones y niveles de intervención que merecen ser claramente definidas.

El trabajador social debe estar comprometido en lo que respecta al interés del paciente y su familia, tener habilidades de comunicación, ser experto en dirigir reuniones con familias, entender el proceso de trabajo de grupo, tener preparación en dinámica familiar y tener habilidad en enfocar las preguntas y respuestas emocionales dentro de actividades importantes. El trabajador social necesita tener destrezas personales y profesionales que le permitan relacionarse con personas en condiciones especiales, diferentes de aquellas que comúnmente se encuentran en otros campos profesionales. De igual manera debe incorporar conocimientos que supere los de su propia disciplina. (Novoa, M. y Ballesteros, B., 2006). El tiempo de duración de la reunión con los familiares varía debido al número de los miembros presentes, la complejidad de la situación, el tiempo necesario para expresar emociones, necesidad para reunir información adicional de parte de los médicos, y la habilidad de alcanzar un acuerdo entre los familiares y el personal médico. El trabajador social puede identificar conflictos dentro de los familiares que puedan ser utilizados contra una decisión acordada. Manteniendo el enfoque en lo que sería lo mejor para el paciente puede ayudar a superar los problemas, diferencias, y conflictos entre los familiares.

Aunque muchos de los recursos y guías de comunicación están disponibles, una de las maneras más prácticas de facilitar la comunicación acerca de su contenido ha sido descrita por Kira, P. y Kira, I. (2004) que incluye:

1. Ser justo;
2. mantener el curso;
3. dar tiempo;
4. demostrar que las personas son importantes;
5. cubrir información pertinente.

Actualmente no existen fórmulas que reúnan las necesidades de los familiares de los pacientes.

El trabajador social en la UCI organiza la información y recomendaciones dadas por el personal médico con las necesidades emocionales de los familiares del paciente y su proceso cognitivo para aumentar el sentido de control, conexión y significado. Dentro de este contexto el/la paciente recibe la atención médica más adecuada, mientras que los familiares están más dispuestos a desarrollar mecanismos de defensa para controlar sus temores por la posible pérdida de su ser querido. Finalmente, la información y el proceso experimentado por los familiares en la reunión con el trabajador social pueden ser utilizados para hacer planes de los deseos de atención médica a manera que la condición del paciente cambia. El trabajador social desempeña una función de apoyo emocional al mantener comunicación con los familiares y el personal médico.

Durante la admisión del paciente a la UCI, la comunicación con los familiares es un componente importante de la práctica de Trabajo Social. A los familiares se les da la oportunidad de hacer preguntas, de expresar sus preocupaciones, y sus emociones.

El siguiente es un ejemplo que tiene que ver con decisiones de ética profesional con respecto al final de la vida de un paciente con demencia. El nombre del paciente y los hechos han sido alterados para proteger la privacidad del paciente.

Ilustración:

Don Manuel es un una persona de setenta años que reside en una institución y sufre de demencia. A Don Manuel lo llevaron en ambulancia a la sala de emergencia y luego admitido al hospital con un diagnóstico de paro respiratorio. Al llegar a la sala de emergencia don Manuel no tenía un representante ni documentación acerca de sus instrucciones y decisiones de tratamiento médico. Después de haber sido atendido en la sala de emergencia lo transfirieron a la Unidad de Cuidados Intensivos (UCI). El trabajador social de la UCI pudo comunicarse por teléfono con la hija de Don Manuel y acordaron una reunión con los médicos que lo atendían. El médico tratante explicó en detalle el tratamiento que se le estaba dando al paciente y como él no mejoraba. La condición de Don Manuel y su pobre pronóstico de recuperación en el evento de un paro cardíaco les fueron explicados a su hija y a otros miembros de la familia que también estuvieron presentes. El trabajador social intervino promoviendo comunicación entre la hija, familiares y el personal médico, y se discutieron planes, y decisiones de intervención médica en caso el sufriera un paro cardiaco. Este fué el momento donde el apoyo emocional fuera importante para la hija de Don Manuel y sus familiares.

Cuando un paciente no tiene la capacidad emocional para hacer decisiones médicas y siendo esto probable que no se recupere y no tiene documentado sus instrucciones y deseos de tratamiento médico, el trabajador social se reúne con sus familiares o amigos para así averiguar si el paciente alguna vez habló de sus deseos médicos en caso el/ella no pudiera hacer decisiones. El trabajador social es un experto en descubrir nuevas y diferentes maneras para que las personas tengan la mejor relación posible entre ellos, considerando sus limitaciones. En el caso de Don Manuel, el trabajador social asistió a su hija y otros miembros de su familia a identificar y aclarar sus instrucciones, deseos, valores y creencias. La reunión con la hija y familiares de Don Manuel tuvo lugar para discutir e intercambiar información y aclarar su capacidad de entendimiento sobre la información presentada por el médico tratante y hacer preguntas que fuesen necesarias.

Los siguientes familiares o representantes del paciente pueden dar autorización para el tratamiento médico en caso que el paciente no tenga la capacidad cognitiva para hacerlo:

1. Esposa (o) legal;
2. padres;
3. hermanos;
4. hijos adultos;
5. miembros adultos de la familia.

Estas personas están activamente relacionadas con el paciente.

El trabajador social reconoce y respeta la dignidad de las personas. Trabaja con múltiples sistemas y está atento a las diferencias individuales resolviendo conflictos que son consistentes con los valores, principios de ética y normas de la profesión *de Trabajo Social*. La reunión con los familiares puede ayudar a lograr una discusión honesta sobre planes de acción y deseos de atención médica para el paciente. Existe la necesidad de un acercamiento organizado que incluya una guía para los profesionales de salud y familiares en trabajar juntos y estar de acuerdo con los planes de atención médica, incluyendo el elegir representantes y los deseos del paciente.

Conclusión:

Las reuniones del trabajador social con los familiares de los pacientes con demencia en la UCI demuestran ser una manera eficaz para que sus miembros puedan discutir temas emocionales y hacer decisiones difíciles. Claramente la más tensa de ellas es la decisión de descontinuar tratamientos que no son necesarios. El extraer los valores y deseos de la familia en un lugar tranquilo donde hay tiempo disponible para compartir emociones y discutir temas difíciles puede crear un ambiente de confianza. Las reuniones con los familiares de los pacientes también son importantes porque la información explicada por el trabajador social es escuchada por todos a la misma vez. Los familiares tienen la oportunidad de hacer preguntas, expresar sus opiniones y deseos. También esta es la oportunidad para expresar emociones (pena, llanto, culpa, enojo, depresión, ansiedad), y dar apoyo emocional al "tocar" y con expresiones verbales de afecto como, "lo siento."

Para algunos miembros de la familia esta puede ser la primera vez que ellos han tenido la oportunidad de pensar y hablar acerca de la realidad de la situación. Para la mayoría de los miembros de la familia, el deseo de hacer lo mejor para el paciente pensando en sus deseos y en lo que sería lo mejor para el/ella, sirve de estímulo para trabajar juntos hacia una meta común. El objetivo principal de la reunión con los familiares es asegurar que los deseos del paciente sean respetados, que los familiares estén enterados de esos deseos antes que de que el paciente perdiera la memoria, que reconozcan que todo lo que se debe hacer se haga, y que el personal médico está haciendo todo lo posible para que el/la paciente se recupere.

El dominio médico y psicosocial están conectados al sistema de salud. El campo psicosocial de Trabajo Social es la base para crear una nueva sociedad con pacientes, familiares y el personal médico en un ambiente tenso y lleno de emociones, como lo es la UCI. El reto para los trabajadores sociales es el poder demostrar la relevancia de su capacidad intelectual y destrezas clínicas para atender las diferentes necesidades emocionales de los familiares de los pacientes. Controlar las reacciones emocionales de los familiares de los pacientes admitidos en la UCI es la base para una acción eficaz para resolver problemas. La comunicación con los familiares es importante porque les ayuda a crear sentido de orientación en su experiencia. La comunicación es también de importancia por ser un excelente vehiculo para crear un ambiente honesto, enfocado en movilizar recursos para el paciente y sus familiares hacia un plan de acción que resulta en metas claras de atención médica y psicosocial.

REFERENCIAS

Alzheimer's Association (2010). La Guía para Cuidadores. Capítulo de la Ciudad de New York – Revista. Volumen 34. P. 1-2

Bone, RC; McElwee, NE; Eubanks, DH; y Colegas (19930. Analysis of indications for intensive Care Unit Admissions-Clinical Efficacy Project-American College of Physicians. Chest; 104:1806-1811

Freichels TA. (1991). Needs of family members of patients in the intensive care unit over time. Crit. Care Nurs. Q. 14 (3): 16-29

National Association of Social Workers (2002). Code of Ethics of the National Association of Social Workers. Washington, DC: Author.

Novoa, M; Ballesteros de Valderrama (2006). The Role of the Psychologist in an Intensive Care Unit. Facultad de Psicología, Pontífica Universidad Javeriana, Bogotá, Colombia.

Kira P. Kira I; Kristjanson (2004). What do patients receiving palliative care for cancer and their families want to be told. An Australian and Canadian Qualitative Study. BMJ; 328-1343

Mendez, X G. (2005). Las situaciones de crisis: Una estrategia de intervención breve en Trabajo Social individual-familiar. Chile.

Veterans Administration Medical Center. Bronx, New York (1989) what is Alzheimer's disease?: Author

CAPÍTULO CINCO

El Trabajador Social en la Sala de Emergencia

Trabajo Social en la sala de emergencia es una especialidad no tradicional conlleva el trabajar con medicos y enfermeros quienes están más acostumbrados a trabajar con enfermedaes y traumas que con pcientes con necesidades sociales (Elliot, M., 1987). La función del trabajador social ene La sala de emergencia es colaborar con medicos y enfermeros, y otros profesionales de salud (terapistas físicos, ortopédicos, etc.), (Mizrahi, T., & Abramson, M., & Rosenthal, B., 1995), para identificar las necesidades sociales de los pacientes, no solamente el problema que presentan. El trabajador social contribuye el la total efectividad de operación de la sala de emergencia ayudando a los pacientes a supercar la crisis, incluyendo muerte súbita, violencia doméstica, maltrato de niños, maltrato de ancianos, con personas desamparadas, abuso de drogas y alcohol, así como también con el plan de alta del hospital.

Utilizando el modelo desarrollado por Soskis, C. (1985), & Cowles, L.A. (2000) con respecto a las funciones del trabajador social en el centro hospitalario, la función del trabajador social en la sala de emergencia se puede describir de la siguiente manera:

1. Defiende los de los pacientes,
2. Un agente que conoce los recursos adecuados y puede unir a los pacientes con los más adecuados,

3. Un coordinador, poniendo enfásis entre la comunicación entre el personal médico y el paciente, asegurandose que las necesidaes del paciente sean atendidas,

4. Da apoyo emocional (psicoterapia) e intervenciones de crisis a victimas de violencia doméstica, abuso infantil, abuso de ancianos, victimas de as alto, accidents,

5. Un mediador entre el personal médico y pacientes.

La revisión de la literatura acerca de la práctica de Trabajo Social en centros hospitalarios de 1967 hasta 20012, demuestra poco conocimientos acerca de programas de Trabajo Social en salas de emergencia. No hay información de la cantidad de programas en el pais; cuántos trabajadores sociales están empleados, qué clase de adiestramientos existen o la clase de estructura administrative y patron de servicios en estas unidades.

El uso eficiente de trabajadores sociales en lass alas de emergencia depende en gran parte en cóomo otros profesionales perciven la profesión de Trabajo Social. Aquellas personas fuera de la profesión pueden no estar familiarizados con la cantidad de servicios ofrecidos y destrezas de los trabajadores sociales. La distribución de los servicios de salud pueden limitar al trabajador social a ofrecer solamente servicios concretos y fracazar en utilizar sus destrezas en ayudar a pacientes a supercar el impacto emocional de la enfermedad y hospitalización. Falta de conocimientos acerca de lo que los trabajadores sociales hacen pueden crear conflictos en la colaboración con otros profesionales en proporcionar servicios.

Revisión de la Literatura:

Varios studios de profesionales de salud (médicos y enfermeros) y de sus exoectativas de los trabajadores sociales en centros hospitalarios desde 1967 hasta 2000 fueron revisados (Olsen, R. & Olsen, M., 1967; McCulloch, J. W. & Brown, M. J., 1967; Phillips, B., McCulloch, J. W. & Brown, M. j. & Hambro, N., 1971; Carrigan, Z. H., 1974; Cowles, L. A. & Lefcowitz, M., 1992; Koeske, G. F., Koeske, D. & Mallinger, L., 1993; Egan, M. & Kadushin, G., 1995; Kadushin, G., 1996; Auslander, G. K. & Schneiman, G., 1996; McNeil, T., Nicholas, D., Szechy, K. & Lach, L., 1998; Cowles, L.A., 2000). Estos studios demuestran que los trabajadores sociales definen sus funciones de una manera amplia, enfocándose en la persona, incluyendo al hospital, y a la comunidad en decisiones profesionales. En otros studios, se ha encontrado que doctores, enfermeros, al igual que pacientes tienen una visión más estrecha y ven al trabajador social como a un auxiliary (Lefcowitz, M., 1992, & Cowles, L. A., 2000).

En la sala de emergencia, el trabajador social prove una variedad de servicios, desde intervenciones de crisis a victimas de as alto hasta victimas de accidents, además preparan el plan de alta del hospital, y asisten con transporte public para aquellos pacientes que necesitan asistencia de transporte. Los trabajadores sociales son percividos por médicos y enfermeras como a un grupo de individuos que solamente ofrecen servicios concretos, tales como ayudando para la eligibilidad servicios sociales, ayudando con obtener medicinas, transporte. Usualmente los medicos y enfermeros refeieren pacientes a los trabajadores sociales para que les ayuden con servicios concretos. Los trabajadores sociales también son percevidos como ayudantes de los pacientes en todos los niveles incluyendo pero no limitado a obtener equipos medicos (sillas de ruedas, bastones, recetas, etc.) (Garcés, C. 2002).

La percepción del trabajador social es la de un empleado subordinado a los médicos y enfermeros. Esta percepción limitada debería ser expandida e incluir las diferentes funciones que el trabajador social puede desempeñar en la sala de emergencia. Estas funciones se pueden extender a otras responsabiloidades como la evaluación de necesidades psicosociales de los pacientes, recomendaciones para evaluaciones psiquiátricas, y presentar a la comunidad los servicios sociales disponibles en la sala de emergencia.

La Función del Trabajador Social en la Sala de Emergencia:

Históricamente la función del trabajador social en la sala de emergencia incluye la evaluación de pacientes cuya variedad individual problemas psicosociales son también temas sociales (Bergman, A., 1976; Soskis, C., 1985). Cuando los pacientes llegan a la sala de emergencia, ellos con frecuencia están bien enfermos, ellos están más enfermos que en el pasado; y cuando son dados de alta del hospital siguen enfermos. Pacientes sin domicilio son referidos a albergues, drogadictos y alcoholicos son referidos a programas de drogadicción y alcoholism, a pacientes con problemas psiquiátricos son referidos para evaluación psiquiátrica, a pacientes que no tienen seguro médico se les refiere a la oficina que atiende estos servicios.

La función del trabajador social en la sala de emergencia es también colaborativa, ya que comparte el mismo objetivo que el personal médico, el cuál es proveer servicios de salud a todas las personas que llegan a la sala de emergencia con necesidades de atención médica sin importar su condición económica o social. De acuerdo con Abramson, J. & Mizrahi, T. (1996); Rher, H., Blumenfield, S. & Rosenberg, G. (1998), la razón por la participación del trabajador social en actividades colaborativas está basada en la complejidad de los problemas humanos, el alto grado de conocimientos, tecnología, y habilidades necesarias para enfrentarlas, la especialización de función, y el resultado de los requisitos de coordinación e integración del trabajo de los proveedores para el beneficio de los pacientes. La naturaleza de la crisis que lleva a la sala de emergencia presenta muchas oportunidades para la colaboración entre Medicina y Trabajo Social. Esta sociedad puede prevenir a que los pacientes se pierdan en el complejo centro hospitalario.

Existen varias maneras en como los trabajadores sociales pueden asistir a los médicos en relación a la atención del paciente (Abramson, J. S. & Mizrahi, T., 1996). Los trabajadores sociales ayudan a mejorar la efectividad de los médicos con al compartir con ellos los aspectos culturales y ambientales de los pacientes. La efectividad de la sala de emergencia depende abilidad del sistema al ofrecer soluciones adecuadas a los problemas que enfrenta el hospital. La introducción de trabajadores sociales en la sala de emergencia se hizo con el propósito de evitar admisiones innecesarias al hospital (Soskis, C., 1985).

Evolución de Medicina de Emergencia:

Para poder entender el impacto del cambio revolucionario de medicina de emergencia, es necesario haber seguido los eventos que llevaron a la medicina de emergencia actual. La medicina de emergencia se desarrolló debido a la población y al desenvolvimiento de la orientación tradicional de la medicina familiar. Cuando las personas se enfermaban en lugares desconocidos con frecuencia buscaban y esperaban atención médica. Las industrias empezaron a operar 24 horas diarias, y la orientación de la población con expectativas de servicios medicos que estuvieran disponibles las 24 horas del dia, estimuló el desarrollo de centros de emergencia (Schwarts, J. M. Safar, P. & Wagner, D. K., 1986). La conveniencia de sentir la seguridad, protección, y disponibilidad de tales centros de emergencia respondió a las necesidades del público.

De acuerdo con Schwarts, J. M.; Safar, P. & Wagner, D. K., (1986), hay tres factores importantes que son considerados como los estimulantes para el desarrollo de la medicina de emergencia:

1. La necesidad y demanda pública.
2. Cambios en los modelos de la práctica de la medicina.
3. La expansión y desarrolos tecnológicos y como resultado las oportunidades de diagnósticos rápidos.

Cada uno de estos factores crearon estímulos complementarios de diferentes direcciones; del paciente, del hospital de la comunidad, y de los médicos (Schwarts, J. M., Safar, P. & Wagner, D. K., 1986). El primero de estos dterminantes, la necesidad y demenda de los pacientes, refleja los cambios ocurridos en la sociedad Americana, en particular en las últimas cinco décadas. El arte y ciencia de la medicinaenvuelve un trabajo extensor e íntimo con personas, las necesidades sociales han modificado y moldeado el desarrollo de la práctica y técnicas de la medicina.

El Segundo estimulante mayor es el cambio de las funciones del hospital moderno y los cambios simultáneous de la práctica de la medicina. El aumento de interés del hospital en asuntos sociales y de la comunidad, respondiendo a ambos, las demandas de los pacientes y de interés propio, llevó a la creación de las salas de emergencia en 1954. Los hospitals reconocieron que teniendo una sala de emergencia llenaba camas y hacia uso de los servicios ya existentes más accesibles más entensos, un hospital en una situación marginal financier podría sacarlo de problemas financieros con los ingresos generados de la sala de emergencia (Schwarts, J. M., Safar, P., & Wagner, D. K., 1986).

En 1975, la American medical Association's House of Delegates recomendó al Council of Medical Education (CME) que medicina de emergencia sea definida como una nueva especialidad por acreditación y certificación, camparable con las otras areas de especialidad (Duncan, W. C. & MacMahon, B., 1981). La primera junta de especialidad fué dada en 1980, por primera vez, hubo un grupo de médicos especialmente entrenados en medicina de emergencia y examinados para su competencia professional (Soskis, C.; Schwarts, J. M. & Wagner, D. K., 1986).

La medicina de emergencia es la treinta ava más larga especialidad (Schwarts, J. M., Safar, P., & Wagner, D. K., 1986). Originalmente las salas de emergencia era el primer lugar donde los pacientes tenían que ir antes de ser admitidos al hospital. Luego, eran referidos como dispensarios de accidents, desde entonces las salas de emergencia han sido designadas para atender situaciones de traumas para aquellos que sobreviven para llegar alli (Soskis, C, 1985). Actualmente, lass alas de emergencia sirven para atender a pacientes con multiples problemas médicos, sociales, y psicológicos (National Center for Health Statistics, 2000; Knob, Biros, Waeckerle, 2000).

La sala de mergencia moderna desempeña servicios que están orientados al consumidor. La misión de la sala de emergencia es el de atender a todas las personas con mucha humanidad possible, con especial destreza a los más enfermos y accidentados. Como un departamento clinico, la sala de emergencia se relaciona con otros departamentos del hospital en constante relación proporcionando atención médica de alta calidad (Clement, J. & Kligbeil, K. S., 1981). La necesidad de ser más organizadas y eficientes fueron evidentes, en 1981, The Joint Commission on the Accreditation of Hospital Organizations (siglas en Inglés, JCAHO), hizo adecuados descubrimientos y recomendaciones para el establecimiento de este departamento dentro del hospital.

De acuerdo con Soskis, C. (1985); Mizrahi, T. (1995), los mayores desarrollos que contribuyero para el aumento del uso de las salas de emergencia incluyen los siguientes:

1. Los advances médicos desarrollados en las dos guerras mundiales y la Guerra en Korea, ayudó al mejoramiento de atención de trauma, es por eso que ahora la gente puede llegar a la sala de emergencia con vida.

2. La concentración de recursos en hospitales y su disponibilidad las 24 horas del día han echo possible estos servicios, especialmente cuando los médicos tienen horas limitadas y visitas fuera del hospital.

3. Muchas compañas de seguros cubren visitas a la sala de emergencia pero no a la oficina de los doctors.

4. Vecindarios de la ciudad no tienen medicos pero sí hospitals.
5. Cortes en programas de servicios sociales donde ofrecen servicios de atención médicos gratis, tratamientos psiquiátricos y otros ervicios.
6. La desinstitulización de pacientes psiquiátricos, muchos de los cuales no se pueden atender solos, la demanda de servicios de emergencia.

En 1954, los hospitales de los Estados Unidos reportaron 17 visitas de pacientes a las salas de emergencia; en 1958, hubieron 18 millones de visitas; en 1964, hubieron 44 millones de visitas; y en 1977, este número aumentó a76 millones de visitas (O'Boyle, C. M., Davis, K. D. & Kraf, T. J.; 1985; Schwarts, G. M., 1986). En 2010, el número de visitas fué de 129.8 millones (National Hospital Ambulatory Medical Care Survey (2010). La mayoría de los 31.9 Americanos que visitan las salas de emergencias cada año no necesitan atención de emergencia (national Center for Health Statistics, 2010). Un aspecto para el aumento del uso de las salas de emergencia es por ser el punto de entrada al hospital donde no se puede negar o retrazar el acceso (Safar, P. & Wagner, 1D. K., 986; Mizrahi, T., 1995; JACHO, 2012).

Durante mucho tiempo, la Ley Común no obligaba a los médicos y hospitales a proveer atención médica a todos que la requerían. Por lo tanto, los hospitales privados y voluntaries podían rehusar en dar atención a pacientes que necesitaban atención de emergencia. Un serie de abusos del privilegio de no prestart atención atención de emergencia y decisiones legales transformó esta doctrina. Como resultado, los hospitales ya no tienen el derecho de rehusar en atender a las personas que buscan atención médica en lass alas de emergencia (Schwarts, Safar, & Wagner, 1986). La legislación Federal, como la de Hill-Burton Act (Mizrahi, T., 1995), ha restringido significativamente a los hospitales de rehusar atención médica de emergencia. Los hospitales que reciven ayuda del Hill-Burton del govierno federal tienen la responsabilidad de proveer cierta cantidad de atención médica "gratuita" para pacientes indigentes.

Leyes statales y regulaciones obligan a que los hospitales tengan la obligación de proveer atención de medicina de emergencia. Organizaciones acreditadoras tales como The Joint Commission on Accreditation of Hospital Organizations (JACHO, siglas en Inglés, 1998), también han afirmado la obligación de ofrecer atención de emergencia médica. Por ejemplo; New York ha adoptado la siguiente ley: "En ciudades donde la población es de más de un millón o más, un hospital deben proveer atención de emergencia médica a toda persona que necesita tales servicios" (Schwarts, et al. (1986). Organizaciones acreditadas tales como la The Joint Commission on Accreditation of Hospital Organizations (JACHO, 1998), han afirmado la obligación de proveer atención de emergencia médica. Basado en estas leyes y regulaciones, los hospitales médicos de las salas de emergencia tienen la obligación de proveer atención a todas las personas que lo necesiten.

La sala de emergencia es la entrada mayor al sistema de salud para un substancial número de personas (Schwarts, G. M. Safar, P. & Wagner, D. K., 1986). Los mayors usuarios de lass alas de emergencia por razonez no urgentes son más pobres que ricos, urbanos en vez de rurales, personas de bajo nivel social y de alta mobilidad familiar, personas sin seguro médico y sin atención médica privada. Los traumas ya no son el negocio de lass alas de emergencia (Soskis, C, 1985; Knobb, R. K.; Biros, M. H.; White, J. D.; Waeckerle, J. F.; 200; Garcés, C.; 2002. Benett, M. J. (1973) reportó que los trabajadores sociales fueron introducidos a la sala de emergencia en 1972 en el Hospital Brooklyn, New York para ayudar con los difíciles problemas sociales y psicosociales de pacientes.

Conclusión:

La literateratura revisada desde 1967 hasta 2013 demuestra que no han habido cambios en la manera en que los trabajadores son percividos por médicos, enfermeros, pacientes y administradores del centro hospitalario. Hasta este momento no se han echo studios sobre la percepción del personal medico acerca de la función del trabajador social en la sala de emergencia. Existe la necesidad por parte de los trabajadores sociales y la profesión en aclarar la función del trabajador social al personal médico y administradores de la sala de emergencia.

BIBLIOGRAFIA

Abramson, J. s. & Mizrahi, T. (1987). Strategies for enhancing collaboration between social workers and physicians. Social Work in Health Care, 12, 1021.

Auslander, G. & Schneiman, G. (1996). Clent's views of Social Work Services In the Hospital Setting. Social Work in Health Care, 31 (2), 31-46.

Benett, R. L. (1973). The Social Worker's Role. Emergency Medical Services.

Carrigan, Z. H. (1974). The Effect of Professional Role Position on the Perception of Interdisciplinary Social Work Practice in Health Care Settings. Unplublished Doctoral Dissertation. The Catholic University of America, Washington, DC.

Clement, J. & Klimbeil, K. S. (1981). The Emergency Room. Health and Social Work, (3), 83-88.

Cowles, L. A. & Lefcowitz, M. (1992). Interdisciplinary Expectations of the Medical Social Worker in the Hospital Setting. Health and Social Work, 17 (1), 57-65.

Cowles, L. A. (2000). Social Work in the Health Field: A Care Perspective. New York: The Haworth Press.

Elliot, M. (1987). Roles and Functions of Social Work. Encyclopedia of Social Work, 18th ed, (pp. 500-502). Washington, DC: NASW Press.

Duncan, W. C., & MacMahon, B. (1981). Preventive and Community Medicine. Chicago: University of Chicago Press.

Egan, M., & Kadushin, G. (1995). Competitive Allies: Rural nurses' and social workers' perceptions of the role of the social worker in the hospital setting. Social Work in Health Care, (20), 1-20.Mizrahi, t. (1995). Health care: Reform Initiatives. Encyclopedia of Social Work, 19th ed, (pp. 1185-1196).

Garcés, C. M. (2002). The Social Worker in the Emergency Room. Doctoral Dissertation.

Kadushin, G. (1996). Elderly Hospitalized Patients' perception of the Interaction with the Social Worker during Discharge Planning. Social Work in Health Care, 23, 1-19.

Knopp, R. K., Biros, M. H., White, J. D. & Waeckerle, J. F. (2000). The Uninsured: Medicine's Challenge to Our Political Leaders. Annals of Emergency Medicine, 35, 295-297.

Mizrahi, T. & Abramson, J. (1985). Sources of Strain Between Physicians and Social Workers: Implications for social workers in health care settings. Social Work in Health Care, 10, 33- 51.

Joint Commission on Accreditation of Health Care Organizations (1998). Accreditation Manual for Hospitals. Chicago: Author.

Joint Commission on Accreditation of Health Care Organizations (2012). Accreditation Manual for Hospitals. Chicago: Author.

Mizrahi, T. & Abramson, J. (2000). Collaboration Between Social Workers and Physicians: Perections on a Share Case. Social Work in Health Care, 31, 33.

National Hospital Ambulatory Medical Care Survey (2010). Emergency Departments Summary Tables.

Schwarts, G. M., Safar, P. & Wagner, D. K. (1986). Principles and Practice of Emergency Medicine, 2nd ed., (pp. 1-11). W. B. Saunders Co. Philadelphia, PA. Vol. XXI, No. 12.

CAPÍTULO SEIS

Teoría de Función-Teoría de Crisis

Varios estudios indican que los trabajadores sociales en los centros hospitalarios experimentan expectativas y percepciones diferentes acerca de sus funciones que tienen conflictos con aquellos de la percepción y definición de la profesión de Trabajo Social. Estas funciones diferentes terminan en conflicto con personas fuera de la UCI, y con otros profesionales. Las percepciones de "los otros" son distorcionadas. Todos tienen una idea diferente acerca de la función que desempeña el trabajador social en la UCI (Carrigan, Z. H., 1974; Cowles, L. A., 2000 & Lefcowitz, M., 1975; Davidson, K., 1990). La teoría de función trata de explicar la interacción entre individuos en organizaciones enfocándose en la función que desempeñan. La conducta de la función está influenciada por las expectativas de una conducta apropiada en esa posición, y los cambios en la conducta de la función ocurren a través de un proceso interactivo de dar y recibir la función (Thompson, C., 2001). La teoría de crisis por su parte es definida como un grupo de conceptos relacionados que pertenecen a las reacciones de las personas cuando se enfrentan con experiencias nuevas. Más importante, la teoría de función ayuda "al otro" en aceptar las funciones de "otros."

La teoría de función está influenciada de las expectativas de lo que se considera una conducta adecuada, pero la conducta adecuada cuando alguien ocupa cierta posición y tiene expectativas de desempeñar ciertas funciones. La teoría de función también es responsable por los cambios en las funciones, y por lo tanto en la conducta de una determinada función (Thompson, C., 2001).

Conceptos Claves en la Teoría de Función:

En el Siglo 4 B.C.E., el filósofo Griego, Plato dijo que ciertas clases de personas deberían de ser permitidas a desempeñar ciertas funciones, debido a que estos tipos de personas llevan dentro de sus almas ciertas clases de emociones que podían igualar sus propias almas. En su *Como a Tí Te Gusta*, Shakespeare escribió sus famosas líneas que sobresaltaron el significado de la representación de la función: "*El mundo es un escenario y todos los hombres y mujeres son simplemente actores.*" Esta es la frase que comienza un *monólogo* hablado por el melancólico Jaques in el Acto II Escena VII. El monológo compara el mundo con el escenario y la vida a un juego, y cataloga las siete edades del hombre: infante, estudiante, amante, soldado, justicia, pantaloon, y segunda niñéz. Esta es una de las citaciones más famosas de Shakespeare. Problablemente se puede considerar como uno de los primeros pronunciamientos acerca de las funciones que la gente desempeña en la vida, y por todos los escenarios por los que pasan antes de encontrar su final.

Teoría de Función:

La teoría de función tiene un origen sociológico que data de Cooley, Ch. H. (1902, 1909), Mead, G.H. (1934); Weber, M. (1947), entre otros y en el campo de la psicología y psiquiatría. El concepto de "función" puede ser aplicado a la interacción dentro del sistema, también sirve como una transición o concepto de enlace entre individuos y el extenso sistema social en el cuál están operando. Las funciones son de interés de la conducta deseada de una persona que ocupa una posición en un sistema social (Campton, B. R. & Galaway, B., 1989). El concepto de "función" ha demostrado ser ambos, conceptual y prácticamente útil como construcción, ayudándole al investigador de ciencias sociales analizar la estructura y funciones del los sistemas sociales y a explicar la conducta de los individuos dentro de tales sistemas (Merton, R., 1957; Davidson, K., 1990).

Merton, R. (1957), define "función" a la aprobación de un patrón de conductas y expectaciones que son atribuidas a una posición social particular. Posición es una condición particular en un sistema de relaciones. Posición y función vinculan las expectativas culturales y de expectativas del grupo de relaciones que componen una estructura social. Tres conceptos relacionados a la "función" **a)** son los conocimientos del grupo de funciones, **b)** función complementario, y **c)** conflicto de funciones (Compton, B. R. y Galaway, B., 1989).

Para Merton (1957), los individuos ocupan un "grupo de funciones," el cuál es un grupo de identidades y expectativas sociales prescritas y que son asociadas con una posición social adquirida. Aquellos "grupos de funciones" están incluidos en un sistema de relaciones sociales y expectativas diferentes. En el ambiente de trabajo del autor, la mayoría de las funciones son trabajadores sociales, médicos y enfermeros.

El grupo de funciones del trabajador social es adquirido a través de la socialización y certificación profesional (Campton, B. R & Galaway, B., 1989). La educación y adiestramiento para el desempeño de una función profesional es una forma de socialización secundaria. Socialización primaria ocurre durante la niñez y forma aspectos fundamentales de los aspectos de la identidad de una persona, tales como funciones de género, etnicidad, raza, y clase social. Socialización secundaria es desarrollada en la socialización primaria y está relacionada con la formación específica del grupo de funciones que un individuo ocupa.

Importante a la noción de la función complementaria y la reciprocidad es el hecho que la función o posición comúnmente son combinadas (Camptom, B. R. & Galaway, B., 1989). Si un sistema va a disfrutar de integración, entonces debe haber reciprocidad de expectaciones entre los que comparten las funciones. De acuerdo con Merton, R. (1957) & Davidson, K. (1990), el conflicto de funciones tiene dos formas: **a)** tensión de posición y **b)** tensión de función. Merton, R. (1957), relaciona posición al conflicto de funciónes. Conflicto de funciones ocurre cuando existen percepciones diferentes que los trabajadores sociales tienen de sus funciones y la percepción que los médicos y enfermeros tienen acerca de la función del trabajador social en la Sala de Emergencia y en la Unidad de Cuidados Intensivos (UCI), Unidades de Medicina General.

De acuerdo con Davidson, K. (1990), la segunda forma de conflicto de funciones es aquella función de tensión la cuál es una experiencia subjetiva que una persona tiene al desempeñar una determinada función. Existen varias formas de tensión de funciones. Por ejemplo, demasiada función es cuando la gente siente que su función demanda mucho.

Cuando las funciones no son claramente definidas, estas pueden resultar en ambigüedad de funciones. Cuando las funciones no son claramente articuladas, los actores sufren tensión porque no saben qué se espera de ellos (Davidson, K., 1990; Oberhofer, D. B. & Simon, B. L., 1990).

De acuerdo con Robbins, S. P. (1980); Merton, R. & Galaway, B. (1998), los siguientes conceptos de la teoría de función son importantes para los trabajadores sociales:

1). Ciertas funciones son ordenadas (por nosotros y para otros elementos de nuestro sistema social) relativo a nuestra posición dentro de ese sistema.

2). Cada función envuelve a ambos, a nuestras propias expectativas, habilidades y aquellas de otras personas.

3). El conocimiento de las expectativas de las funciones implica que existen ciertas normas sociales que marca los límites de afuera para coincidir, en interacciones sin conflictos entre posiciones dentro del sistema y entre sistemas.

4). Existen valores que son emocionalmente responsables en juzgar como las personas deben desempeñar sus funciones, por parte de la persona que ocupa la posición de la función y de otros.

5). El concepto de función, expectativa de función, e interacciones de función puede se utilizado para aumentar la base del conocimiento para el uso de la evaluación de problemas de la situación.

La literatura demuestra que otros profesionales, especialmente médicos y enfermeros perciben al trabajador social como una persona capacitada solamente para establecer contactos con la comunidad y dar servicios concretos, tales como obtener equipos médicos y servicios auxiliares como obteniendo transportación, haciendo llamadas telefónicas, obteniendo ropa y/o asistencia pública, elegibilidad para servicios sociales, ayudar a que los pacientes obtengan accesorios médicos, referir pacientes a la comunidad (Garcés, C., 2002, 2011).

La función principal de los médicos y enfermeros es atender a las necesidades médicas de los pacientes. Trabajo Social es considerado como una función auxiliar. Puede ser que las restricciones en las actividades de los trabajadores sociales representa una contradicción entre la autoridad de habilidad y la autoridad legal en el cuál el personal médico desea mantener poder y no dárselo al personal profesional que no pertenecen a ellos (trabajadores sociales). Esta situación puede impedir que los trabajadores sociales entren a lo que ellos consideran su derecho en decidir la disposición de los pacientes, inclusive en áreas donde tienen experiencia. Por ejemplo, los trabajadores sociales piensan que los problemas psicosociales pertenecen al área de *Trabajo Social*. Por el contrario, los médicos y enfermeros perciben los problemas psicosociales como propios de su dominio (Cowles, L.A. & Lefcowitz, M.,1995; Cowles, L. A., 2000, Garcés, C., 2002). Si este fuese el caso, los médicos y enfermeras de la sala de emergencia y la UCI, al encontrar a un paciente con problemas emocionales probablemente van a consultar con el psiquiatra, quien es también médico, en vez de consultar con el trabajador social, a pesar que la disposición psicosocial pueda estar relacionada a problemas ambientales o reacciones a un trauma físico. Esto quiere decir que los trabajadores sociales no pueden suponer que al entrar a la organización hospitalaria van a desempeñar su función como ellos ambicionan basados en su educación profesional. Los trabajadores sociales deben darse cuenta que la definición de su función depende de la cooperación y consentimiento implicado de otros profesionales y del hospital, que pueden o no percibir su función como incluirlos en algunas de los que ellos piensan que les pertenecen. La función del trabajador social se refiere a la orden legítima de la organización sobre las expectativas de las actividades que el trabajador social debe desempeñar en relación con el personal médico de la UCI, pacientes, y familiares (Barker, R. L., 1999; Cowles, L. A. 2000; Garcés, C., 2002).

La discrepancia entre las atribuciones de la función de los trabajadores sociales del hospital y aquellas que son asignadas por otros ha existido desde los comienzos de la profesión. Trabajo Social entró formalmente a los hospitales en Los Estados Unidos a invitación del Dr. Richard Cabot, quien era Jefe de Medicina del Hospital General de Massachussets en Boston, en 1905 (Davidson, K., 1990). La función del trabajador social era similar a la del "almoner" que era una persona que daba cosas gratis a los pobres y que fué llevado al hospital para evaluar si valía la pena recibir "almas" en la forma de atención médica, en Inglaterra. Los primeros trabajadores sociales estaban interesados en dar servicios sociales a aquellos que los necesitaban, pero los administradores de los hospitales solo querían que los trabajadores sociales evalúen las necesidades médicas y prevenir el abuso del uso del hospital (Davidson, K., 1990; Huff, D., 2008).

La discrepancia de las funciones del trabajador social todavía están por resolverse; los trabajadores sociales del centro hospitalario desempeñan funciones que son diferentes a las que ellos quisieran desempeñar: *colaborar con otros profesionales en la atención de los pacientes; diagnosticar problemas sociales; determinar la necesidad de los pacientes para servicios sociales; recomendar tratamiento psiquiátrico para los enfermos mentales; ayudar a los pacientes a recuperarse de la crisis; dar apoyo emocional; utilizar técnicas de psicoterapia; dar consulta al personal médico acerca de Trabajo Social; educar al personal médico acerca de los problemas psicosociales de los pacientes y familiares.*

Como fuera mencionado por Davidson, K. (1990) y Cowles, L A. (2000), Trabajo Social en los hospitales ha desarrollado una fuente de conocimientos y ha influenciado en la atención al paciente al promover el reconocimiento de los componentes psicosociales dentro de la atención médica. Los trabajadores sociales en los hospitales traen el modelo de atención de **persona y familia** para la evaluación y tratamiento, el cuál es diferente al enfoque del modelo médico, cuyo enfoque es problemas fisiológicos.

Hasta la fecha, no se han conducido estudios empíricos acerca de la percepción de los médicos y enfermeros sobre la función del trabajador social en la sala de emergencia y la UCI. Existe la necesidad de parte de los trabajadores sociales y la profesión en aclarar la función del trabajador social en la UCI. Para continuar con el proceso que se ha adquirido hasta ahora, los trabajadores sociales deben continuar en redefinir su función dentro de los cambios de la orientación financiera del ambiente hospitalario, mientras que simultáneamente preservando los valores, conocimientos, habilidades y ética profesional.

Teoría de Crisis:

Durante los años 1950 y 1960, psicólogos del ego tales como Allport, Maslow, y Erickson trabajaron en el desarrollo de la base filosófica de la teoría de crisis. Anteriormente, Hipócrates, un médico, dijo "crisis es un acontecimiento transitorio o permanente de una acción o situación la cual pone en peligro la vida" (Golan, N., 1978).

La teoría de crisis es definida como un grupo de conceptos relacionados que pertenecen a las reacciones de las personas cuando se enfrentan con experiencias nuevas, Estas experiencias pueden aparecer en forma de desastres naturales, enfermedades súbitas, pérdidas significantes, cambios en condiciones sociales, y ciclo de la vida. Esta teoría sugiere que cuando las personas experimentan situaciones como trauma o angustia, ellos tienen la tendencia de seguir patrones predecibles de respuestas (Ellk, K., 1995). La teoría de crisis se ha desarrollado a causa de la preocupación de las personas que sienten temporalmente sentimientos de angustia o no poder adaptarse a los problemas de la vida y eventos de tensión.

La teoría de crisis fue desarrollada por Linder Mann and Gerald Caplan, aunque en realidad esta teoría fué desarrollada por un grupo de sociólogos, trabajadores sociales, médicos y consejeros. La intervención de crisis como técnica tubo su inicio después del incendio del Coconut Grove en Boston en 1944 donde 493 personas fallecieron en una discoteca (Roberts A. 2005). Intervención de crisis es particularmente importante para los trabajadores sociales que a diario encuentran a muchos de sus clientes en las salas de emergencia y unidades de cuidados intensivos en situaciones de trauma emocional, desasosiego y ansiedad. El proveer intervenciones adecuadas a las personas en situaciones de tensión severas es parte la práctica diaria de Trabajo Social en la sala de emergencia y en la UCI, y la intervención de crisis es de interés legítimo de los trabajadores sociales.

El riesgo de perder a un paciente debido a la muerte es una realidad presente en la sala de emergencia, al igual que en la UCI. Al igual que la condición del paciente es crítica, también es fundamental responder a las necesidades de los familiares. Los familiares son confrontados por el impacto de ver a su ser querido en este lugar extraño e impersonal, y expuesto al sufrimiento de los pacientes vecinos. A veces, a los familiares se les solicita a participar en decisiones de vida y muerte la cuál puede empeorar la crisis entre ellos. Para poder hacer un adecuado plan de intervenciones, una adecuada evaluación de estas necesidades es necesaria. Ayudar a los familiares a superar la tensión y situaciones de crisis pueden tener una influencia positiva.

El trabajador social utiliza en el contenido de la orientación de crisis, la habilidad de hacer una diferencia. Trabajo Social basado en modelo de la intervención de crisis puede asistir a los familiares al disminuir el trauma que con frecuencia es heredado durante la admisión a la sala de emergencia y a la UCI. *El enfoque del trabajador social es su concentración en lo que está sucediendo en la presente situación y no mucho en el pasado.*

La reacción a enfermedades y muerte entre los miembros de la familia varía, algunos reaccionan deprimiéndose, se enojan, se sienten culpables, ansiosos, gritan, se aferran al personal médico, o se pasean por los pasillos del hospital. Otros sufren ataques de pánico, lloran, insultan y gritan, o se retiran. La experiencia del autor en trabajar con familias en la sala de emergencia, en la UCI, y en Unidades de Medicina General, atribuye diferencias individuales en lo que respecta a las respuestas de los familiares de los pacientes a los siguientes factores: **a)** la percepción individual a los eventos de tensión; **b)** sistema de apoyo disponible.; **c)** los mecanismos de defensa para enfrentar los eventos. Todos ellos son capaces de expresar la pena a su manera. La intervención del trabajador social es simplemente estar ahí, siendo sensible a las necesidades emocionales de los familiares, permitiéndoles que expresen sus sentimientos, apoyando, dando información y asegurándoles que su ser querido está recibiendo tratamiento médico de alta calidad.

La Dra. Elizabeth Kübler-Ross quien fuera pionera en los métodos de apoyo y consejería de trauma personal, y aflicción, asociados con la muerte y la gravedad. Sus ideas, las cinco etapas del modelo de la pena (negación, cólera, negociar, depresión, y resignación); también se pueden transferir a los cambios personales y penas emocionales que resultan de factores diferentes a la muerte. Reacciones similares se pueden observar en personas que confrontan traumas diferentes a la muerte y el duelo, tales como la redundancia en el empleo, mudanzas forzadas, crimen y castigo, incapacidad física, rompimiento de relaciones interpersonales, problemas financieros y bancarrota, etc. (Chapman, A., 2006-2010).

Los traumas y trastornos emocionales causan diferentes efectos en las personas. Mientras que la muerte y la gravedad para muchas personas es lo último en trauma, las personas sienten similares molestias emocionales cuando se enfrentan con los retos de la vida, especialmente si se enfrentan con algo difícil por primera vez, y/o si el reto parece amenazar áreas de debilidad psicológica, el cual se presenta de diferentes maneras. La desesperación y angustia de una persona (cambio de trabajo o peligro, riesgo. fobia, etc.) puede no ser causa de ninguna amenaza para otra persona. Este modelo nos recuerda que la perspectiva de otras personas es diferente a la nuestra, ya sea que somos nosotros los que estamos consternados, o el que esté ayudando a otro a enfrentar el problema (Chapman, A., 2006-2010).

De acuerdo con Kübler-Ross (1969), las personas pasan por cinco etapas de la pena.

1.- **Asombro y negación;** es la reacción inicial de muchas personas al recibir noticias inesperadas.
2.- **Enojo;** puede ser desplazado y proyectado hacia otras personas cerca de ellos.
3.- **Negociar;** las personas hacen tratados con los médicos y Dios para poder ganar más tiempo.
4.- **Depresión:** las personas se desesperan y empiezan a sentir pena.
5.- **Aceptación;** si las personas han tenido suficiente tiempo y han podido sentir las etapas anteriores, ellos pueden alcanzar la etapa donde pueden aceptar su pérdida.

Mientras que el punto de atención de Kübler-Ross fué en la muerte y el duelo, el ciclo de la pena es una perspectiva útil para entender nuestras emociones y las respuestas emocionales de otras personas que sufren y cambian, sin preocuparse por la causa.

Dado el énfasis de la intervención de crisis y apoyo emocional con pacientes y familiares de estos, se puede postular que Trabajo Social tiene una oportunidad significante para hacer contribución de práctica en el centro hospitalario. El trabajador social no puede evitar el tener que trabajar con pacientes que padecen de condiciones crónicas y enfermedades que les limitan la vida; muerte, pena, miedo, familias en zozobra, ansiedad, trauma, depresión, y con personas de diferentes grupos étnicos, culturas, idiomas, edades, y de diferentes condiciones económicas y sociales. El trabajador social está constantemente retado a demostrar sus destrezas clínicas y servicios directos a los pacientes y familiares de estos. De la misma manera, también tiene la oportunidad de influenciar a grupos de profesionales y al público acerca de las enfermedades que afectan la vida, de los que atienden al paciente y a los afligidos.

REFERENCIAS

Barker, R.L. (1999). The Social Work Dictionary, 4thed. Washington DC: NASW Press.

Campton, B. R., & Galaway, B. (1989). Theoretical perspectives for social work practice. Social Work Process (pp. 123-141). Belmont, CA: Wadsworth.

Carrigan Z.H. (1974). The effect of professional role on the perception of interdisciplinary social work practice in health care settings. Unpublished doctoral dissertation. The Catholic University of America, Washington, DC.

Chapman Alan (2006-2010). The Elisabeth Kübler-Ross "Grief Cycle. Retrieved from http://www stages-of-grief.htm

Cooley, Ch. H. (1902). Human Nature and the Social Order, New York: Charles Scribner's Sons. Revised edn, 1922.

Cooley, Ch. H. (1909). Social Organization: A Study of the Larger Mind, New York: Charles Scribner's Sons.

Cowles, L.A., & Lefcowitz, M. (1992). Interdisciplinary expectations of the medical social worker in the hospital setting. Health and Social Work, 17 (1), 57-65.

Davidson, K. (1990). Role blurring and the hospital social worker's search for a clear domain. Health and Social Work, 15, 228-234.

Garcés, C. (2002). The Social Worker in the Emergency Room. Doctoral Dissertation. Yeshiva University, Wursweiler School of Social Work. New York.

Huff Dan (2008).: Chapter 12 Missionaries & Volunteers." The Social Work History Station. Boise State University. P.02-20

Mead G. H. (1934). Self and Society. Chicago: University of Chicago Press.

Merton, R. (1957). Social theory and social structure. New York: Free Press.

Oberhofer Dane, B., & Simon, B. L. (1990). Resident guests: Social workers in host settings. Social Work, 36, 208-211.

Robbins, Stephen P. (2008). Organizational Theory. Structure, design and implications. San Diego State University. Prentice Hall, Englewood Cliffs, New Jersey.

Thomson, C. (2001). Conservation of Theory, A Sloan Work and Family Encyclopedia Entry. Chesnut Hill, MA: Boston College.

Weber, Max (1947). The Theory of Social and Economic Organizations, ed., Talcott Parsons, Trans. A.M. Henderson and Talcott Parsons (New York: Free Press).

CAPÍTULO SIETE

Trabajo Social y el Plan de Alta del Centro Hospitalario

Trabajo Social y plan de alta del hospital generalmente implican el trabajar en colaboración con un grupo interdisciplinario de profesionales que consiste de médicos, enfermeros, terapistas respiratorios, terapistas físicos, nutricionistas, así como también con otros sistemas de apoyo de la comunidad (asilos de ancianos/rehabilitación física o respiratorio, agencias de atención doméstica en el hogar, agencias de equipos médicos). A la unidad pulmonar los pacientes son transferidos mayormente de la Unidad de Cuidados Intensivos (UCI) o de otras unidades para continuar el tratamiento. En esta unidad el trabajador social prepara al paciente con el plan de alta una vez que su condición médica ha sido controlada y puede regresar a su casa o a un asilo/centro de rehabilitación. Algunos pacientes pueden necesitar de servicios de atención en la casa, de equipo médico (muletas, andadores, silla de ruedas, oxígeno, etc.).

Definición del Plan de Alta:

El plan de alta del hospital es una herramienta importante para la evaluación, y coordinación de la atención médica a través de los centros de atención médica, incluyendo hospitales, asilos de ancianos/rehabilitación, atención doméstica en la casa o servicios de hospicio/paliativo (Center for Medicare Advocay, Inc. 2009). Lo que actualmente constituye el plan de alta del hospital está en debate y con frecuencia depende del lugar. El término quiere decir unir al paciente y familiares con los recursos disponibles para darle continuación de servicios (Education Resources Information Center, 1999-2012). El plan de alta en Trabajo Social es una nueva faceta de una extensa práctica de coordinación de servicios. Este término implica unir al individuo y familiares con los recursos disponibles fuera del hospital para así darle continuación de servicios al paciente (Education Resources Information Center, 1999-2012).

La admisión al hospital con frecuencia trae síntomas de ansiedad, miedo y preguntas que responder a los pacientes, familiares y amigos. Los médicos y enfermeros dan atención médica, pero es el trabajador social quien da apoyo emocional a los pacientes y familiares mientras que dura lo que puede ser un evento emocional traumático. Esta intervención es importante para garantizar un resultado positivo. El trabajador social está capacitado para trabajar con individuos y familias para ayudarlos a superar la crisis causada por la hospitalización. La función del trabajador social es variada y compleja, y en el trabajador social desempeña una función importante en el bienestar de los pacientes durante la hospitalización y hace más fácil la transición del regreso al hogar, asilo, o centros de rehabilitación.

El objetivo principal del trabajador social incluye en el asistir a los pacientes y familiares con el plan de alta, dándoles consejería con respecto al impacto de la enfermedad y hospitalización.

El Trabajador Social:

1. Facilita la participación de la familia con el personal médico.
2. Mantiene informada a la familia acerca de progreso del paciente.
3. Utiliza el proceso del plan de alta para ayudar al paciente y a la familia para su mejor entendimiento sobre la conexión entre la enfermedad y la tensión; y sobre el efecto de esta en el sistema familiar en conjunto.

El trabajador social está capacitado para ayudar a pacientes y familiares a que se ayuden y superen la crisis, los asiste y orienta en adquirir los instrumentos necesarios para que puedan superar situaciones difíciles tales como:

83

1. Enfermedades crónicas.
2. Alcoholismo y drogadicción.
3. Problemas emocionales causados por la enfermedad del paciente.
4. Problemas de relaciones familiares causadas por la enfermedad y hospitalización.
5. Abuso de ancianos y violencia doméstica.
6. Problemas psicosociales.
7. Problemas de vivienda/desamparados.
8. Falta de seguro médico.
9. Pena/luto.

El proceso del plan de alta debe de empezar al momento de la admisión del paciente al hospital. Esto tiene el potencial de reducir errores innecesarios y retrasos. Revisión de la literatura demuestra que el plan de alta a sido estudiado por investigadores de enfermería durante varios años, especialmente desde que se implementaron los esfuerzos para recortar el tiempo de duración de la hospitalización (Hager, J. S., 2010).

El tiempo promedio de pacientes hospitalizados ha sido reducido a tres días en todos los grupos de edades, y siete días para pacientes de avanzada edad desde 1970. En respuesta al recorte de días de hospitalización, los investigadores reportaron y reconocieron que existen vacíos entre el hospital y las agencias de la comunidad a cargo de la continuación de atención médica, envío de información entre los proveedores de servicios, educación sobre el plan de alta a los pacientes y familiares.

Como fuera mencionado por Foster, A. J; Peterson, J. F., Gandhi, T. & Bates, D. W. (2003), existen reportes de pacientes describiendo la falta de su inclusión en el proceso de alta, familiares haciendo preguntas sobre su capacidad para atender al paciente en la casa, falta de recursos en la comunidad tales como salud pública o agencias de atención que puedan ayudar a los pacientes en su casa.

Foster, A. J., Clark, H. D., Menard, A., Dupuis, N. & Chandok, N. et al. (2004), reportaron que casi un 25 % de los pacientes que fueron dados de alta del hospital sufrieron reacciones de eventos que fueron asociados con incapacidad física y la mitad requirió de servicios de salud adicionales. Eventos adversos incluyeron errores en las órdenes de medicamentos, infección, confusión acerca de la educación sobre el proceso del plan de alta, la falta de seguimiento a los problemas por resolver.

Muchas veces la falta de coordinación y adaptación a los problemas psicosociales por parte del equipo interdisciplinario trae como consecuencia el retraso en el proceso del plan de alta. La recuperación del paciente, así como también el retrazo de los servicios disponibles después que el paciente a sido dado de alta son medidas relevantes de un resultado positivo del proceso de alta del hospital, y el trabajador social trae consigo una perspectiva única a este proceso. El trabajador social desempeña una función importante al proporcionar y desarrollar un plan de alta seguro y económico para el hospital. El plan de alta debe ser desarrollado basado en los niveles adecuados para la continuidad de la atención médica. También está incluído el intercambio de información sobre la condición y necesidades psicosociales del paciente con otros proveedores profesionales de servicios médicos o de servicios auxiliares. Trabajo Social está en la obligación de abogar por la reinvención del proceso del plan de alta. En el actual sistema de salud, los pacientes son dados de alta antes de tiempo. La determinación de quién va a recibir servicios va a caer en los trabajadores sociales y otros proveedores de salud.

A manera que los centros de salud buscan maneras para hacer recortes de costo en los servicios, los trabajadores sociales deberían de abogar para que el plan de alta no sea incluido en los recortes de presupuesto, porque a través del plan de alta y de la anticipación e identificación de problemas psicosociales y necesidades de los pacientes, existe la posibilidad que el hospital ahorre dinero a través de la prevención, seguridad y satisfacción de los pacientes (Hager, J, S., 2010).

El plan de alta puede ser más imperativo cuando los temas de justicia social son correlacionados a las diferencias culturales y éticas. De acuerdo con Hage, S. & Kenny, M. (2009), la extracción de la diversidad social y cultural en la educación sobre la atención médica puede tener una influencia negativa en las personas sobre su opinión del mundo actual. Temas socio-culturales que están relacionados a la atención o prevención de problemas médicos pueden estar relacionados a cómo una comunidad en particular define sus necesidades de atención médica. Por ejemplo, si una persona de otra cultura rehusa servicios médicos debido a miedos o creencias sin fundamentos, esto puede afectar en la calidad de atención para este paciente y puede poner en peligro su salud debido a estas creencias

(Hager, J. S., 2009). Chadiha, L., Proctor, E., Morroe-Howell, N., Darkwa, O. & Dore, P. (1995) encontraron que pacientes Africanos-Americanos que fueron dados de alta del hospital, utilizaron menos servicios formales y tuvieron más problemas con el plan de alta debido a la falsa creencia de la disponibilidad de ayuda que las personas de raza Blanca.

Como profesión, Trabajo Social debe de abogar por mejorar la educación con respecto al plan de alta al aplicar un marco de trabajo de intervención, y transformar los asuntos que afectan de manera negativa al plan de alta en los hospitales. Primero, los trabajadores sociales deben de intervenir para aliviar los síntomas de los problemas psicosociales, al familiarizarse con estos temas. Segundo, los trabajadores sociales deben de reflexionar sobre estos problemas y preguntarse *¿porqué los pacientes son dados de alta del hospital sin una adecuada educación sobre el plan de alta?* Los trabajadores sociales deberían de escuchar a aquellos pacientes que son afectados por el problema y hagan preguntas que puedan retar a la estructura social actual, y explorar las verdaderas causas de estos problemas (Hager, J. S., 2010). La profesión de Trabajo Social debería desarrollar o tomar una ruta diferente de acción con respecto a la atención médica y a los problemas psicosociales. La transformación de la acción se fija en la raíz del problema y no se detiene para aliviar los síntomas. Como trabajadores sociales deberíamos transformar nuestras comunidades y asistir a los pacientes que son atendidos con planes de alta adecuados al darles el poder de abogar por ellos mismos y a ser consumidores independientes del centro hospitalario.

Decisiones Éticas en el Plan de Alta:

Kadushin, G & Egan, M. (2001), formularon que las decisiones éticas del plan de alta representan un proceso de acción de los dilemas éticos de Trabajo Social. El proceso consiste en los siguientes puntos a seguir; determinar si existe conflicto, ya sea que haya ocurrido daño, y desarrollar un plan de acción. Los trabajadores sociales tienen la obligación de mantener la confianza de sus clientes, pero si el cliente amenaza con quitarse la vida o la de otras personas el trabajador social está en la obligación de reportarlo a las autoridades. Esto representa un conflicto entre la obligación de mantener la confidencialidad y principios del ser humano y el de prevenir daño a otra persona. Como fuera mencionado por Reamer, F. (2006), "hacer decisiones éticas es un proceso, y los trabajadores sociales deben de tomar en consideración los valores, principios y niveles en este código." Parece que cuando se presentan dilemas éticos, el nivel del código con respecto a la colaboración interdisciplinaria y protocolo sería un tema crítico de referencia y podría ayudar a los trabajadores sociales cuando se encuentren en situaciones difíciles.

Ejemplo 1; cuando el médico tratante le informa al trabajador social que un paciente será "dado de alta," y necesitará de servicios de ayuda en la casa. Es entonces la responsabilidad del trabajador social el de coordinar que los servicios estén disponibles para cuando el paciente sea dado de alta y regrese a su casa. Si los servicios no están disponibles para el día en que el paciente es dado de alta del hospital, el paciente no puede salir, resultando esto en retrazo del plan al poner al paciente en un nivel alterno de atención (quiere decir que el paciente no necesita de más atención médica, por el cual el hospital recibirá substancialmente menos dinero de pago del seguro) hasta que los servicios necesarios sean coordinados. En tales situaciones, el médico tratante es declarado responsable por el retrazo. No obstante, el trabajador social comparte la culpa por el retrazo y en el proceso atrae la atención de la administración.

Destrezas Necesarias del Trabajador Social Para el Plan de Alta:

1. Habilidad de trabajar en colaboración con otros miembros del personal interdisciplinario que está directamente trabajando con el paciente.
2. Tener destrezas analíticas y clínicas de evaluación.
3. Habilidad de comunicación con el personal médico, pacientes, familiares y con los servicios de la comunidad.
4. Habilidad de colaborar profesionalmente con el personal interdisciplinario.
5. Habilidad de establecer una relación terapéutica con pacientes y familiares.
6. Abogar por los derechos de los pacientes, especialmente cuando el trabajador social ha identificado problemas que puedan comprometer el plan de alta y pongan al paciente en peligro.

Ejemplo 2; el médico tratante puede reportar que una paciente anciana y frágil, quién vive sola y no tiene familia inmediata, está dada de alta y tiene planeado mandarla a su casa sin servicios. Después de evaluar las condiciones psicosociales de la paciente, el trabajador social determina que la paciente no tiene la habilidad de dirigir a una persona para que la atienda en la casa, y recomienda que el plan de alta se retrace hasta que se evalúe más detalladamente al problema y quizás se pueda desarrollar un plan de alta alternativo y más adecuado para así asegurar la seguridad de la paciente. En casos como este, el deber ético del trabajador social es el de informar al médico tratante que el plan de alta inicial puede poner al paciente en riesgo, y abogar por uno más adecuado, inclusive si esto signifique que el plan de alta tiene que ser postergado. Es precisamente en situaciones como esta que los trabajadores sociales comprueban y demuestran su valor profesional al poner las necesidades de los pacientes por encima de otras consideraciones.

¿Qué Son Dilemas Éticos?

Kadushin, G. & Egan, M. (2001) definen dilemas éticos a aquellos que ocurren cuando es necesario escoger entre situaciones éticas que parecen ser contradictorias. Dilemas éticos presentan conflictos entre trabajadores sociales, otros miembros del personal médico, agencias, pacientes, supervisores, y la organización. Los trabajadores sociales operan bajo extensos principios éticos los cuales se basan en seis tipos de valores: **a)** *servicio,* **b)** *justicia social,* **c)** *dignidad y valor de la persona,* **d)** *importancia de las relaciones humanas,* **e)** *integridad,* y **f)** *competencia (NASW, Codeo f Ethics, 1999).* De acuerdo con Cole y Sparks (2006), antes de tratar de identificar, entender, y hacer comentarios acerca de dilemas éticos, los trabajadores sociales deben examinar primero sus valores personales. El entender las diferencias de los valores individuales tiene una relevancia especial a manera que los profesionales se relacionan con pacientes al operar con posiciones de valores diferentes a las de ellos.

Como fuera formulado por Beauchamp, T. L. & Childres, J. F. (1994), el propósito de ética en el sistema de salud no es nuevo. Desde los tiempos de Sócrates, la medicina ética a estado interesada en la obligación ética de los profesionales en cumplir con las necesidades del enfermo y el herido. Aunque con el desarrollo tecnológico en medicina, el rápido desarrollo del control del sistema de salud en la distribución reembolso del costo y la expansión de los sistemas de información ha contribuido al frecuente aumento y complejidad de los dilemas éticos para todos los profesionales de salud, incluyendo los trabajadores sociales. Varios factores han tenido impacto en el aumento de los dilemas éticos en la atención médica. Mientras que los avances científicos en medicina ofrecen oportunidades en alternativas de tratamiento y prolongación de la vida, estos adicionalmente han creado dilemas éticos relacionados con temas sobre la calidad de vida, consentimiento, decisiones sobre el final de la vida incluyendo el retiro del equipo médico, acceso a servicios médicos, recursos y lugares de atención (Blumenfield, S. & Lowe, J., 1987; Cosson, J. & Reamer, F., 1998). Estos adelantos han creado preguntas para los trabajadores sociales en lo que se refiere al proceso de hacer decisiones médicas, Blumenfiel, S., & Lowe, J. (1987). En el ambiente hospitalario de Trabajo Social no solo es importante el aspecto clínico y ético que es el producto de la práctica, si no la demanda de una razonable respuesta hacia un análisis ético al hacer decisiones.

Los avances en la tecnología médica y asuntos relacionados a la ética afectan diariamente la práctica del trabajador social. Tradicionalmente, la función del trabajador social estaba enfocada en desarrollar un variado plan post hospitalario que reúna las necesidades médicas y sociales de los pacientes. Estos temas con frecuencia se le presentan al trabajador social con la tarea de iniciar decisiones éticas y demostrar competencia ética lo cual se puede lograr utilizando un proceso razonable para una resolución ética (Reamer, F., 1998 y Boland, K., 2006). El aumento de la reducción de la estadía de pacientes en el hospital, el plan de alta inadecuado, la disposición de problemas y retrasos en el plan de alta crean conflictos éticos cuando el trabajador social trata de balancear las necesidades de los pacientes con las necesidades del hospital, compañías de seguros médicos, personal médico, y familiares de los pacientes (Abramson, 1981; Cummings, S. & Cockerman, C., 1997; y Boland, K.,2006).

Conclusión:

El plan de alta se debe de iniciar en el momento que el paciente es admitido al hospital, con inclusión de la familia en el proceso, así como la identificación de obstáculos y objetivos del plan de alta.

Esto ayudaría a que el trabajador social se enfoque en identificar los problemas psicosociales de los pacientes. El inicio del plan de alta al momento de la admisión al hospital también ayudaría a reducir costo al prevenir readmisiones innecesarias y mejorar la satisfacción de los pacientes. Los temas de ética en el sistema de salud continúan siendo un reto profesional para los trabajadores sociales, el proceso y estrategias para las resoluciones éticas necesitan ser estudiadas y aclaradas para poder entender la resolución de opciones que son utilizadas por trabajadores sociales al identificar situaciones éticas durante el proceso del plan de alta del hospital.

Con frecuencia los trabajadores sociales tienen muchos casos que atender y cumplir con las fechas por la organización para coordinar servicios necesarios para los pacientes. Trabajo social con respecto al plan de alta tiene una función de mucha demanda y tensión física y emocional. Los trabajadores sociales con frecuencia trabajan con casos complejos que tiene que ver con pacientes que llegan al hospital con múltiples problemas psicosociales y requieren evaluación e intervención inmediata. No es fuera de lo común que los trabajadores sociales traten con casos de personas desamparadas, sin vivienda, con problemas de desempleo, falta de dinero, falta de seguro médico, historial delictivo, abuso de drogas y alcohol, víctimas de violencia doméstica, problemas psiquiátricos entre otros. Cualquiera de estos problemas, juntos o separados, pueden impedir o retrazar el plan de alta del hospital. Simultáneamente situaciones que parecen mundanas como cuando un paciente necesita dinero para transporte público, recetas médicas, zapatos o ropa, un bastón, pueden ser causa para el retrazo en el plan de alta del hospital. Es por eso la importancia de completar la evaluación de las necesidades psicosociales del paciente al inicio de la admisión al hospital.

Para continuar con el avance hasta ahora adquirido por los trabajadores sociales, debemos continuar con la redefinición y reconceptualización de Trabajo Social al definir nuestra función dentro del cambio del centro hospitalario con su orientación financiera, mientras que simultáneamente preservamos nuestros valores de Trabajo Social, conocimientos, destrezas y ética profesional.

REFERENCIAS

Abramson, Margaret. (1981). Ethical dilemmas for social workers in discharge planning. Social Work in Health Care, 6(4), 33-42

Abramson, Margaret. (1983). A Model for organizing an ethical analysis of the discharge planning process. Social Work in Health Care, 9(1), 45-52

America Fact Finder (2009). U.S Census Bureau. Population estimates for New York State by County. Retrieved on July 2008.

Beauchamp, Tom L., & Childres, J.F. (1994). Principles of biomedical ethics (4th ed.) New York: Oxford University Press.

Blumenfield, Susan & Lowe, Jane. (1987). A Template for analyzing ethical dilemmas in discharge planning. Health and Social work, 12 (1) 47-56

Boland, Katheleen. (2006). Ethical Decision-Making among Hospital Social Workers. Journal of Social Work Values and Ethics, Volume 3, Number 1.

Center for Medicare Advocacy, Inc. (2009). Medicare and Discharge Planning: Think Through Your Needs.

Cossom, James. (1992). What do we know about social work ethics? The Social Worker, 60 (3) 1650171.

Chadiha, L., E., Morroe-Howell, N., Darkawa, O., & Dore, P. (1995). Post hospital home care for African-American and White elderly. The Gerontologist, 35(2), 233.

Cole, Portia, L. (2012). You want me to do what? Ethical practice interdisciplinary collaborations. Virginia Commonwealth University. Journal of Social Work Values and Ethics, Volume (9), Number 1.

Cummings, Susan & Cockerman, Clifford. (1997). Ethical dilemmas in discharge planning for patients with Alzheimer's disease. Health and Social Work, 22(2), 101- 108.

Department of Health and Human Services. (1997, December). Medicare Hospital Discharge Planning (OEI-02-94-00320). Retrieved October 2, 2010, from http://hhs.gov/oei-02-94-00320.pdf.

Department of Health and Human Services (2004, August). Condition of participation: Discharge Planning (42 C. F. R. 482. 43). Retrieved October 21, 2010, from htt://law.justia.com/us/cfr/title 42/42-3.0.21.3.199.12html.

Foster, Alan, Peterson, Josh. F., Gandhi, Tejal, & Bates, David, W. (2003). The incidence and severity of adverse events affecting patients after discharge from the hospital. Ann Intern Med. 138(3), 161-167.

Foster, Alan. J., Clark, H. D., Menard, Alex, Dupuis, N., Chernish, Robert & Chandok, Natasha.; Kahn Asmet; Walraven, Carl, V.(2004). Adverse events among medical patients after discharge from the hospital. Canadian Medical Association Journal, 170(3), 345-349.

Hager, Julia Sara. (2010). Effects of a discharge planning Intervention on Perceived Readiness for Discharge. St. Catherine University. St Paul-Minnesota.

Kadushin, Goldie, & Egan, Marcia. (2001). Ethical Dilemmas in Health Care: A Social Work Perspective.

National Association of Social Workers (1996). Code of Ethics. Washington, DC: Author.

Reamer, Frederick. (1985). The emergence of bioethics in social work. Health and Social Work, 10(4), 271-281.

Spehar, Analisa. M., Campbell, Robert, R. Cherrie, C., Palacios, Polly; Scott, Donna, & Baker, Jacquelyn. et al. (2001). Seamless care: Safe patient's transitions from hospitals to home. Advances in Patient Safety, 1, 79-97.

Sparks, Joanne. (2006). Ethics and Social Work in Health Care. Inc. In S. Gehler & T. A. Browne (Eds). Handbook of Health Social Work (pp. 43-69) Hoboken, NJ: Wiley and Sons.

CAPÍTULO OCHO

Trabajo Social y Competencia Cultural en el Centro Hospitalario

La actividad diaria del autor con pacientes y sus familiares que solamente hablan Castellano demuestra un entendimiento acerca de la complejidad bilingüe y comunicación bicultural en el centro hospitalario, especialmente en la Unidad de Cuidados Intensivos, Unidad de Medicina General, y en la Sala de Emergencia, la cuál es la entrada al centro hospitalario. Estas experiencias también se pueden extender a otros pacientes y familiares de otros paises de idiomas extranjeros. Aquellos trabajadores sociales que no hablan Castellano, con frecuencia tienen problemas de comunicación con los pacientes y sus familiares. Habiendo tenido la experiencia de haber trabajado en el Bronx Lebanon Hospital Center (cuidados intensivos, sala de emergencia de adultos y de niños, y medicina general) por más de dos décadas, y haber sido admitido a un hospital cuando recién llegó a los Estados Unidos, no saber Inglés y haber sido entrevistado por el personal médico que no hablaba Castellano, el autor tiene conocimientos y experiencia en esta area, y por lo tanto entiende muy bién los problemas que los pacientes y familiares encuentran cuando son entrevistados por personal médico que no habla su idioma.

Competencia cultural implica que el centro hospitalario debería de dar prioridad a las barreras que afectan a la diversidad cultural de los pacientes que son atendidos. Esto implica el incluir trabajadores sociales y personal médico de diversidad cultural, expertos multiculturales que estén disponibles para consultas, que se contraten interpretes lingüísticos-culturales o que estén disponibles cuando se les requiera, que exista una formación contínua sobre el tema, y que se hagan los esfuerzos necesarios para garantizar que el espacio físico refleje la sesibilidad socio-cultural del centro hospitalario.

El Trabajo Social moderno tiene que adaptarse al aumento del mundo globalizado donde las instituciones están impactando las reglas y prácticas unilaterales. El aumento progresivo de usuarios socio-culturalmente diferentes en los centros hospitalarios constituye un importante reto para los trabajadores sociales. El propósito de Trabajo Social a sido definido por la Asocisación Internacional de Trabajasdores Sociales y la Federación Internacional de Trabajadores Sociales (2001) como: "*Una profesión que promueve cambios sociales, solución en relaciones humanas y da poder para la liberación de las personas para mejorar su bienestar social.*" Utilizando las teorías de conducta humana y sistemas sociales, Trabajo Social interviene en los lugares donde las personas se relacionan con su medio ambiente. Los principios de los derechos humanos y justicia social son fundamentales para el Trabajo Social.

Esta afirmación de un grupo de representantes de Trabajo Social de alrededor del mundo afirma claramente los elementos que abarca la práctica moderna de Trabajo Social, la relación entre el mundo exterior y las expreriencias psicológicas internas del individuo. Para entender mejor como poder ayudar en estas circunstancias los trabajadores sociales tienen que desarrollar la capacidad de evaluar e intervenir en una variedad de lugares con individuos, familias, y grupos de diversos grupos étnicos. Tales actividades tienen que ser entendidas en el contexto de funciones legales, requerimientos de instituciones, de necesidades y deseos de servicios de los usuarios, y el firme fundamento contra el racismo, y la práctica discriminatoria. Las fronteras entre paises están disminuyendo como resultado de presiones económicos, geopolíticos, regionales, migración, por la fuga debido a las guerras y conflictos internos, al igual que los conflictos étnicos que están en aumento. Por lo tanto, competencia cultural en Trabajo Social es una necesidad y ahora es también una expectativa de todos los servicios públicos que deben de reflejar el aumento multicultural en una sociedad étnicamente diversa, sociedad, pais o región donde habitamos (Walker, S. & Beckett, C., 2004-2005).

Buena comunicación no solamente depende de parte del trabajador social. Aunque con frecuencia el trabajador social se convierte en educador, un educador de buenas destrezas de comunicación e intervención, ya que los pacientes y familiares de estos son buenos comunicadores. Ciertas clases de lenguage connotativo pueden ser ambivalentes, causando malentendidos que pueden alarmar al paciente como también a la familia. Esta es la razón por el cuál el trabajador social, el paciente y los familiares pueden terminar en situaciones conflictivas. Algunas veces la información es malinterpretada y pone a los pacientes o familiares no solamente en una página diferente, sino en un libro diferente. Mientras tanto, las necesidades del paciente son pasadas de alto, ya que el paciente, la familia y el trabajador social/la trabajadora social no se están comunicando debidamente.

Existe la necesidad por una comunicación adecuada entre los trabajadores sociales, pacientes y familiares de estos. Los obstáculos del idioma se pueden superar si el trabajador social habla el mismo idioma de los pacientes y familiares. Los obstáculos de comunicación y otros malentendidos interfieren con la intervención del trabajador sociall. La comunicación no es fácil, aún cuando las personas tienen el mismo historial de experiencias y valores compartidos o hablan el mismo idioma. Parejas que han vivido juntos por más de treinta años continúan teniendo malentendidos todos los días. No es sorpresa por lo tanto encontrar mala comunicación entre personas que no se conocen. Cualquier cosa que uno dice se puede esperar muchas veces que la otra persona siempre eschucha algo diferente y es malinterpretada.

Lum, D. (1999), define competencia cultural "al grupo de conocimientos y destrezas que el trabajador social y otros profesionales de salud tienen para poder ser competentes con pacientes multiculturales." Trabajo Social multicultural trata con diferentes componentes de cultura el cuál incluye; género, raza, orientación sexual, religión, etc. Green, J. (1982-1999), autor de " Cultural Awareness in the Human services," estaba correcto cuando dijo que la práctica de competencia étnica require tener base de conocimientos, entrenamiento profesional e intervenciones adecuadas para poder comparar y entender culturas diferentes. Como fuera mencionado por Betancurt, J. R. (2004), cultura es un conjunto de creencias aprendidas, valores compartidos, estilos de comunicación, práctica, costumbres, y puntos de vista con respecto a las funciones y relaciones sociales.

No todas las personas que hablan el Castellano son iguales. Todos tienen diferentes historias sociales, valores, costumbres culturales y religiosos. Los paises del habla Castellana son geográficamente diferentes, tienen costumbres específicas, y también tienen mezclas étnicas y raciales. La personas de Latinoamérica están asociadas en diesinueve paises de habla Castellana en el Caribe, América Central y Sudamérica. Los siguientes paises son: *Cuba, República Dominicana, Puerto Rico, Costa Rica, El Salvador, Nicaragua, Panamá, Guatemala, Honduras, México, Bolivia, Paraguay, Uruguay, Ecuador, Venezuela, Colombia, Chile, Perú, y Argentina. La excepción es Brazil donde el idioma oficial es el Portugués.*

Ilustración: 1

Una mujer de 47 años de nacionalidad Cubana que solamente hablaba Castellano fué admitida a la sala de emergencia por problemas cardiácos y luego fue transladada a la Unidad de Cuidados Intensivos. Los médicos que la atendían decidieron que ella necesitaba de un procedimiento quirúrgico immediato (catarezación) para prevenir un ataque cardiáco, el cuál la paciente se negó rotundamente debido a su creencia religiosa. La paciente era practicante de la Santería e insistía en que su "padrino" tenía que ser consultado antes de ella hacer una decisión. Los médicos no entendieron sus razones para rechazar la necesidad del procedimiento para evitar un ataque al corazón y asi prevenir la muerte y decidieron que la paciente no tenía capacidad mental para hacer decisiones médicas y ordenaron evaluación psiquiátrica. Los psiquiatras luego de evaluar a la paciente decidieron que ella no tenía capacidad mental para decidir su tratamiento médico. Ninguno de los médicos y psiquiatras que evaluaron a la paciente hablaban Castellano, además ellos eran de nacionalidad India y Rumana, y no tenian conocimientos culturales y religiosos acerca de la paciente el cuál creó conflictos ya que la paciente continuaba rehusando ser intervenida a pesar del riesgo que ella corría. El trabajador social intervino al explicar al personal médico y psiquiátrico sobre los valores culturales y religiosos de la paciente incluyendo la intervención del Sacerdote Católico quién les explicó sobre la práctica del Santerismo y el significado del "padrino" y como esto influenciaba en su decisión a recahazar tratamiento. El trabajador social pudo localizer al padrino de la paciente quién luego de reunirse con la paciente y explicarle la necesidad de la intervención médica pudo convenserla a que aceptara el tratamiento. Es importante tener conocimientos acerca de los valores culturales y religiosos de los pacientes que son atendidos en hospitales para así evitar conflictos y mal entendidos y respetar la decision de los pacientes de aceptar o rechazar tratamiento médico.

Ilustración: 2

Una mujer PuertoRiqueña de 80 años que solamente hablaba castellano llegó a la sala de emergencia quejándose de dolor de cabaza. Cuando fué entrevistada por el médico que hablaba su idioma, esta le dijo que se sentía morir debido al severo dolor de cabeza. El medico escuchó "morir" y de immediato ordenó evaluación psiquiátrica y puso a la señora en un cuarto especial para pacientes con trastornos mentales y con un guardia del hospital para que la vigilara mientras venía el psiquiatra para evaluarla. El trabajador social (el autor) entrevistó a la señora quién se comunicó con en su mismo idioma, ella dijo que el dolor de cabaza que tenía era tan fuerte que la hacía sentirse como morir. La señora nunca dijo que "se quería morir." El trabajador social se reunión con el medico y le explicó que la señora no estaba suicida, que su problema era el dolor de cabeza. Esta confusión y malentendido por parte del médico fué aclarada y la señora luego fué tratada por el dolor de cabeza y no por lo que el suicidio como fuera malentendido por el médico.

Cuando el trabajador social es de diferente grupo étnico, y no habla el mismo idioma del paciente los malentendidos son bastante comunes, como en los casos ilustrados anteriormente. El trabajador social que no tiene conocimientos del idioma ni culturales tiene que tener cuidado de no hacer falsas asunsiones acerca de la historia personal del paciente, valores, metas y objetivos, o expectativas en el tratamiento. El trabajador social y el paciente traen sus propios patrones de idioma y cultura a la experiencia de la entrevista que deben ser resueltos para poder obtener igual acceso y calidad de tratamiento de salud.

Definición de Competencia Cultural:

En la literatura norteamericana se ha reconocido que existen importantes problemas con respecto a la provisión de servicios socio-sanitarios a personas procedentes de diferentes grupos étnicos.

No solo hay problemas con la nonmeclatura, sino también con conceptos básicos que exigen una aclaración. No existe una definición concreta de competencia cultural. Competencia cultural en el centro hospitalario se puede definir como la abilidad del sistema en proveer atención a pacientes de diversos valores, creencias y conductas, incluyendo la adaptación de los servicios ofrecidos a que cumplan con las necesidades sociales, culturales y linguísticos de los pacientes (Betancourt, 2000). La revisión de la literatura de los siguientes autores; Phillips, K. A., Mayer, M. L, & Aday, A. (2000), Langer, N. (1999), Ryn, R. & Burke, J. (2000) muestra varias definiciones de competencia cultural, casi todas mencionado la necesidad de los sistemas de salud y sus proveedores a que estén atentos y puedan responder a las diversas perspectivas socio-culturales de los pacientes.

Para entender competencia cultural, primero es importante entender el significado de la palabra *"cultura."* De acuerdo a Chamberlian, S. P. (2005), cultura representa "valores, normas, y tradiciones que afectan en como individuos de un grupo en particular perciven, pienzan, interaccionan, se comportan, y hacen juicios sobre el mundo donde viven." Nine-Court, Carmen Judith. (1984), define cultura al conjunto de conocimientos humanos que incluye conductas, creencias, actitudes, valores y experiencias de immenso valor. Esto también incluye cosas que son ofensivas a la diginidad y bienestar social, y con certeza para otras personas cuya estructura cultural es diferente. El beneficio de competencia cultural es que elimina las disparidades raciales y étnicas al proveer servicios de salud.

Obstáculos en Competencia Cultural:

Aunque el idioma es importante, este no es el único obstáculo. Obstáculos son cualquier aspecto de la atención de salud que contribuyen al mal uso de esta. Los obstáculos entre los pacientes, trabajadores sociales, y el centro hospitalario en general pueden afectar la calidad de los servicios y contribuir a las dispariades raciales y étnicas, que incluyen:

1. Falta de diversidad en el centro hospitalario. 2). El centro hospitalario está mal diseñado para reunir las necesidades de la población diversa de los pacientes. 3). Mala comunicación entre

proveedores de salud y pacientes de diferentes historiales raciales, étnicas, culturales, y religiosos.

Mientras que competencia cultural es ampliamente reconocida como importante para la elimninación de disparidades en el centro hospitalario, los esfuerzos para definir e implementar esta idea continua (Federal Register, 2000; FortierP. J. & Shaw-Taylor, Y., 1999; Brach, C. & Fraser, I., 2000).

Cinco elementos esenciales que contribuyen a los sistemas o a la diversidad de la institución a ser más culturalmente cultural el cuál incluye: 1). Diversidad de valores. 2). Tener la capacidad de madurar individualmente. 3). Tener la capacidad de entender las dinámicas heredadas cuando diferentes culturas se relacionan. 4). Tener conocimiento de institución socio-cultural. 5). Haber desarrollado adaptaciones para proveer servicios que reflejen entendimientos culturales diversos.

Estos cinco elementos se deben manifestar a todo nivel institucional incluyendo regulaciones de administración y práctica. Además estos elementos deben reflejar las actitudes, estructuras, regulaciones y servicios de la institución (Cross, T. Bazron, B. Dennis, K. Isaccss, M., 1989).

Competencia cultural es uno de los ingredients principales para eliminar las disparidades en los servicios de salud. Es por eso que los pacientes, trabajadores sociales y personal médico cuando están juntos hablan acerca de problemas psicosociales y de salud sin darse cuenta de las diferencias culturales que se presentan en la conversación, alcontrario las intensifican. Simplemente, los hospitales que respetan y responden a las creencias de salud, prácticas y a las necesidades socio-culturales y lingüisticas de diversos pacientes pueden ayudar a la creación de resultados positivos en los servicios de salud.

Para desasrrollar competencia cultural se require el examinar las preferencias y prejuicios, desarrollando intercambios de habilidades socio-culturales, buscando modelos a seguir, y compartir cuanto tiempo sea possible con otras personas que comparten la pasión por competencia cultural. El término de competencia multicultural salió en la publicación de salud mental del psicólogo Paul Pedersen (1998) por lo menos una década antes de que el término competencia cultural se hiciera popular. La mayoría de las definiciones de competencia cultural que son compartidas entre la diversidad de profesionales proviene de la industria de la salud (Coon, D., 2001)

En la profesión de Trabajo Social, el mandato de competencia cultural incluye ambos, el Consejo de Educación de Trabajo Social, Regulaciones de Educación, las Bases de Acreditación, y el Código de Etica de la Asociación Nacional de Trabajadores Sociales (NASW, siglas en Inglés, 2010). El desarrollo de Trabajo Social con énfasis en sensibilidad étnica y competencia cultural fué influenciada for los movimientos de los derechos civiles de los años 1960s y 1970s. El año 1989 fué considerado primordial para el movimiento de competencia cultural (Sadye, L. M., 2012).

Conclusión:

A manera que los Estados Unidos se convierte en una nación racial y étnicamente diversa, los trabajadores sociales/las trabajadoras sociales necesitan responder a las perspectivas variadas, valores y conductas acerca del bienestar de los pacientes. Falta de conocimiento y entendimiento de las diferencias sociales y culturales podrían tener consecuencias negativas con personas de culturas diferentes. La intervención eficaz require que tanto el trabajador social/la trabajadora social como el personal médico respeten al paciente. Esto implica el respeto tanto por las creencias sobre el problema, como las posibles soluciones al problema que presenta el paciente. La competencia en esta área conlleva conocimientos generales de la acciones asistenciales habituales en la sociedad mayoritaria de las instituciones implicadas, y de las maneras en que están separadas culturalmente, lo que puede dificultar una intervención eficiente, ya sea porque ofrecen servicios culturalmente inapropiados o no tenerlos. Los administradores de hospitales deberían desarrollar estrategias para contratar, retener y promocionar dentro de todos los niveles de la organización un equipo multicultural diverso de profesionales y un liderazgo que represente las características demográficas del área de servicios. Los pacientes y familiares que se pueden comunicar en su idioma nativo con el trabajador social o con el personal médico, demuestran niveles elevados de satisfacción.

REFERENCIAS

Chamberlain, S. P. (2005). Recognizing and responding to cultural differences in the education of culturally and linguistically diversed learners. Intervention in School & Clinic, 40(4), 195-211.

Cross, T., Bazron, B., Dennis, K., & Isaacs, M. (1989). Towards A Culturally Competent System of Care. Volume 1. Washington DC. Georgetown University Child Development Center. CASSP Technological Association.

Brach, C. & Fraser, I., (2000). "Can Cultural Competency Reduce Racial and Ethnic Disparities? A Review and Conceptual Model," Medical Care Research and Review 1 181-217.

Coon, D. (2001). Introduction to Psychology. Gateways to Mind and Behavior. Ninth Edition. Warthworth.

Federal Register (2000). "Minority Health and Health Disparities Research and Education Act of 2000."

Fortier, P. J. & Shaw-Taylor, Y. (1999). "Cultural and Linguistic Competence Standards and Research Agenda Project" Part One: Recommendations for National Standards. Resources for Cross- Cultural Health Care" silver Springs, Md.: Office of Minority Health.

Green. J. (1999). Cultural Awareness in the Human Services. 3rd.ed. Englewood Cliffs, N J: Prentice hall.

International Association of Schools of Social Work and the International Federation of Schools of Social Wok 2001, in BASW, 2002.

Langer, N. (1999). "Culturally Competent Professionals in Therapeutic Alliances Enhance Patient Compliance," Journal of Health Care for the Poor and Underserved. (19-26).

Lumb, D. (1999). Culturally Competence Practice. Pacific Grove, CA: Books/Cole

Nine-Court, Carmen Judith. (1984). Non-verbal Communication in Puerto Rico. Cambridge, Massachussetts.

Ryn, R. & Burke, J. (2000). "The effect of Patient Race and Socioeconomic Status on Physicians' Perceptions of Patients," Social Science and Medicine 50: 813-28.

OMH US. Department of Health and Human Services Office of Minority Health. (2001).

Phillips, K. A., Mayer, M. L., and Aday, A. (2000). A day, "Barriers to Care Among Racial/Ethnic Groups Under Managed Care, Health Affairs 19: 65-75.

Retrieved from "http://en. wikipedia.org/wiki/Cultural Competence.

http://www.aoa.gov/prof/adddiv/cultural/CC-guidebook.pdf   Achieving Cultural Competence Guidebook from Administration on Aging, Department of Health and Human Services, United States.

Sadye L. M. Logan, (2012). Cultural Competence and Ethnic Sensitive Practice in Social Work, Edward Muller, Ed. New York: Oxford University Press.

Walker, S. and Beckett, C. (2004-2005). Social Work Assessment and Intervention. Russel House Publishing.

CAPÍTULO NUEVE

Trabajo Social y Cuidados Paliativos con Familiares de Pacientes Admitidos a la Unidad de Cuidados Intensivos

Qué es Cuidado Paliativo?

Es un método de intervención que mejora la calidad de vida de los pacientes y sus familiares quienes enfrentan problemas que están asociados con enfermedades que limitan la vida (World Health Organization, 2003). Esto se consigue a través de la intervención y el alivio del sufrimiento por medio de identificación, evaluación y el tratamiento del dolor, problemas fisiológicos, psicológicos y espirituales.

Cuidados Paliativos (WHO definición, 2003):

1. Alivia el dolor y otros síntomas molestos.
2. Afirma la vida con respecto a la muerte como un proceso normal.
3. No pretende prolongar ni acelerar la muerte.
4. Relaciona los aspectos psicológicos y espirituales en el cuidado del paciente.

5. Ofrece un sistema de apoyo para ayudar a los familiares durante el proceso de la enfermedad del paciente y con su propia pena.
6. Utiliza el método de grupo para enfocar las necesidades de los pacientes y sus familiares, incluyendo consejería para aliviar la pena si es necesaria.
7. Aumenta la calidad de vida y puede también influenciar positivamente en la recuperación del paciente.
8. Es aplicable al comienzo de la enfermedad, junto con otras terapias con la intensión de prolongar la vida, tales como la quimoterapia, e incluye aquellas investigaciones que son necesarias para contener complicaciones clínicas.

Consideraciones Eticas

De acuerdo a Manzini, J. (2000); De Simeone, G., & Tripodoro, V. (2004), la ética en cuidados paliativos es lo mismo que en medicina general. Los médicos tienen doble responsabilidad en preservar la vida y aliviar el dolor. Al final, el preservar vidas tiene la tendencia de ser menos posible y es entonces cuando el aliviar el dolor es importante.

De acuerdo a Beuchamps, T. & Childres, J. (1983). Existen cuatro principios éticos fundamentales en cuidados paliativos:

1. Respeto por la autonomía del paciente.
2. Beneficiencia (hacer el bién).
3. No beneficiancia (no hacer el mal).
4. Justicia, distribución y disposición de recursos disponibles.

Todos ellos son aplicables al fundamento de:

1. Respeto por la vida.
2. Aceptar que la muerte es inevitable.

Teniendo en consideración:

1. El beneficio de mantener la vida debe de ser balanceado con el potencial de riesgo.
2. Cuando todo el tratamiento para mantener la vida no ha sido beneficioso para el paciente, el tratamiento debe de ser

suspendido y se ofrecer tratamiento psicológico a los miembros de la familia.

3. Las necesidades individuales deben de ser balanceadas con las de la sociedad.

Ilustración 1:

Una señora de ochenta años viviendo sola, con historial de problemas de congestion cardiáca fué admitida a la UCI con severo problema cardiorespiratorio y tuvo que ser conectada al ventilador. La paciente no tenía Agente de Cuidados ni Decisiones Médicas (Proxy). El trabajador social se pudo contactar con su hija y acordó una reunion con el personal médico. El médico tratante de la paciente le explicó acerca del tratamiento que se le estaba dando a la paciente y como ella no respondía. La condición de la paciente y pobre pronóstico de recuperación en el evento de un paro cardiáco fueron explicados a la hija de la paciente y a otros miembros de la familia que estuvieron presentes. El trabajador social intervino promoviendo comunicación entre los familiares de la paciente y el personal mèdico. Este fué el momento donde el *cuidado paliativo* fuera particularmente importante en proporcionar apoyo emocional a la hija de la paciente y sus familiares.

A manera que los familiares se esfuerzan para superar el trauma y ansiedad súbita, la naturaleza crítica de la enfermedad puede llevar cambios dentro de la unidad familiar. Ya sean estos cambios beneficiosos o adversos depende en parte, al modelo de intervención usada por el trabajador social.

Como es definida por la Asociación Nacional de trabajadores Sociales (siglas en Inglés, NASW) Código de Etica (2000), Trabajo Social en hospicio y cuidados paliativos puede ser definido como una disciplina que proporciona servicios continuos que enfocan las necesidades psicológicas de pacientes y familiares afectados por una enfermedad seria que limita la vida para poder mantener, o mejorar la calidad óptima de vida. Las actividades del trabajador social están enfocadas en los componentes psicosociales de salud y salud mental desde una fuerte base de perspectivas, y la intervención se basa en desarrollar un plan de atención que es desarrollado en el contexto de, y contribuye al comprensivo plan interdisciplinario de atención.

La pérdida de pacientes a través de la muerte es un hecho presente de una realidad en la UCI. Aún con el personal médico más experto, y la maquinaria más sofisticada, aquellos pacientes que sobreviven pueden sufrir una larga y prolongada deficiencia en su funcionamiento físico y mental. La intervención de crisis es relevante para el trabajador social quien encuentra a muchos de los familiares de los pacientes en la UCI en situaciones de crisis, con tensión, depresión, temor y ansiedad.

Ilustración 2:

Un señor Puertoriqueño de setenta años que vivia solo fué traído a la sala de emergencias en ambulancia con arresto cardiovascular. El respondió a los procedimientos de emergencia y subsecuentemente fué trasladado a la UCI. Sus hijos llegaron al hospital para estar con èl (No hablaban Inglés). Después del susto de ver a su padre conectado a las máquinas y luego que la crisis fué superada, ellos continuaron quedándose cerca de su padre en la UCI todos los días y continuaron haciendo demandas de infornación del personal mèdico. Debido a que la causa de la condición de su padre estaba en dudas, había poca información específica que el personal mèdico podía proporcionar. A manera que la frustración y enojo de los hijos aumentaba, sus quejas acerca del cuidado también aumentaban. Los hijos se reunieron con el trabajador social que les habló en Castellano, escuchó sus temores y preocupaciones, proporcionó intervención de crisis y apoyo emocional, y les aseguró que su padre estaba recibiendo atención de calidad. El trabajador social también les asistió para unirse a un grupo de apoyo compuesto por profesionales y familiares de pacientes de la UCI que hablan Castellano. Durante las reuniones del grupo, ellos pudieron expresar sus sentimientos y preocupaciones. A manera que los días pasaban, los familiares hicieron amistad con familiares de otros pacientes y desarrollaron un sistema de apoyo mutuo. Los contactos con el personal de la UCI disminuyó y luego ellos no pasaban mucho tiempo en el hospital.

La reacción a enfermedades y a la muerte por parte de miembros de la familia varía, algunos reaccionan con depresión, enojo, ansiedad, quejas, gritos, acercándose al personal médico, o caminar por los pasillos. Otros sienten pánico, lloran, insultan, gritan, amenazan, o se van y no vuelven. Aguilera, D., & Messick, J. M. (1974), atribuyen las diferencias individuales en respuestas a los siguientes factores:

(a) La percepción individual a los eventos de tensión.
(b) La disponibilidad de sistema de apoyo.
(c) Los mecanismos de defenza utilizados para enfrentar los eventos.

Todos ellos son capaces de expresar la pena a su manera. La intervención del trabajador social es estar ahí presente, siendo sensible a las necesidades de los familiares, permitiéndoles que expresen sus sentimientos, y asegurándoles que su ser querido está recibiendo atención médica de calidad.

Reacciones Emocionales de lo Familiares de Pacientes

Es bién sabido que esta clase de emociones es desbastadora, especialmente para la familia inmediata de un ser amado (padres, hijos, hermanos, esposo, esposa, nietos, sobrinos, primos). Debido a que mucha energía está enfocada en el paciente, aquellas personas cercanas al paciente pueden sertirse invisibles, como si no importaran. Mientras que se preocupan por el paciente, los familiares no se dan cuenta lo difícil que la situación es para ellos. Tenemos que recordar que la atención de un ser amado no se debe de perder en el proceso. Hay que tener en cuenta que la persona que atiende a su ser amado, también tiene reacciones emocionales:

Reacciones Emocionales de los Familiares:

1. Ansiedad.
2. Depresión.
3. Cólera.
4. Frustración.
5. Culpa.
6. Angustia.
7. Miedo.

Las necesidades de los familiares del paciente nos ayudan a través de los últimos capítulos de nuestras vidas:

1. La necesidad de ser tratados como seres humanos.
2. La necesidad de participar en la atención del paciente.

3. La necesidad de honestidad.
4. La necesidad por espiritualidad.
5. La necesidad de ser libres de dolores físicos y emocionales.

Es también una realidad que a diario más personas mueren en los hospitales, especialmente en la UCI. La muerte ya no es un acto personal que solo ocurre en la casa. De acuerdo con Nulan, S. (1995), hemos creado una manera moderna de morir. La muerte moderna ocurre en los hospitales modernos, donde no se puede ocultar, tampoco purificar de corrupciones orgánicas, finalmente, empaquetada para el funeral moderno. El concepto de muerte es más complejo que hace veinticinco años, una persona era considerada muerta cuando ciertas funciones biológicas, tales como respirar, presión sanguínea dejaban de funcionar, el rigor de los músculos es señal evidente de la muerte (Di Nola, A., 2006). En el pasado, una persona era considerada muerta cuando el cerebro dejaba de funcionar, cuando no había actividad cerebral detectable durante un determinado tiempo.

Definición de Muerte Cerebral

La determinación uniforme de la muerte (DUM) fué establecida en el año 1980 por The National Conference Commissions on Uniform State Laws para dar "las bases comprensivas para determinar la muerte en todas las circunstancias." En ese entonces se determinó el siguiente criterio:

"Cuando una persona a:

1. tenido una cesación de todas las funciones respiratorias y circulatorias,
2. tenido una cesación irreversible de todas las funciones del cerebro. La determinación de muerte cerebral debe de hacerse de acuerdo con la aceptación de los procedimientos médicos."

De acuerdo al Dorlan's Illustrated Medical Dictionary (2007), la muerte es la cesación de la vida, la cesación permanente de todas las funciones vitales del cuerpo. Debido a razones médicas y legales, la siguiente definición de la muerte ha sido propuesta como una cesación irreversible de los siguientes elementos:

1. La función cerebral es usualmente evaluada por el Electroencéfalograma (EEG) con una línea recta.
2. Funcionamiento espontáneo del sistema respiratorio.
3. Funcionamiento espontáneo del sistema circulatorio.

Muerte cerebral, es el daño irreversible que demuestra la falta absoluta de respuesta a todo estímulo, falta de actividad espontánea de los músculos, falta de respiración, e Isoelectroencéfalograma por 30 minutos, todos con la ausencia de hipotermis o intoxicación, el cuál muestra el funcionamiento del sistema nervioso central. A esto también se le llama *muerte cerebral*. En muchas sociedades, la muerte no es considerada como el final de la existencia, aunque el cuerpo físico esté muerto, el espíritu continúa vivo. Esta perspectiva religiosa predomina en muchas personas. Una variación cultural puede ser encontrada en relación con la muerte en la creencia de la encarnación, la cuál constituye una parte fundamental de las religiones Hindú y Budista (Reglero, C., 2007).

Ciclo de la Muerte:

La reacción a la muerte por parte de los familiares varía, algunos reaccionan con depresión, enojo, ansiedad, quejándose, gritando, frustración, acercándose al muerto, amenazando al personal médico, pidiéndole a Dios por otra oportunidad, caminar por los pasillos del hospital. Otros pierden el control y sienten pánico, lloran, insultan, acusan, amenazan, o se van del hospital y no regresan.

Actitud de las Personas Acerca de la Muerte:

A. *Durante la infancia;* los bebés no tienen idea acerca del concepto de la muerte, aunque es sabido que la muerte de un padre afecta de forma negativa el bienestar del infante.
B. *Niños de tres a cinco años de edad;* siguen sin tener una clara idea acerca del concepto de la muerte, ellos no se ponen ansiosos cuando les hablan acerca de la muerte de una persona,

porque no entienden el carácter irreversible de esto; ellos piensan que la persona va a regresar.

C. **Niños de seis a nueve años de edad;** tienen una mejor idea acerca de la muerte como algo que puede suceder, y como hecho le pasa a algunas personas.

D. **Actitud de la muerte durante la adolescencia;** la perspectiva de la muerte es considerada como de una remota posibilidad que es casi relevante. El adolescente entiende el carácter definitivo, inevitable y el factor absoluto de la muerte.

E. **Actitud acerca de la muerte de personas de mediana edad;** existe un mejor entendimiento acerca de la muerte cuando envejecen, con los años que quedan y no con los vividos.

F. **Actitud acerca de la muerte durante la edad avanzada;** en las personas mayores de edead la idea acerca de la muerte es que está más cerca que lejana. La mayoría de las personas que conocen han muerto, esto supone ser una experiencia cercana con la muerte y ellos pueden manifestarlo (Reglero, C., 2007).

Duelo:

En 1917 Freud introdujo el concepto de *duelo* en su artículo "Lamento y Melancolía." Según Freud, el duelo es una reacción natural a la pérdida de un ser amado, por lo tanto esto no debe de ser considerado patológico (Freud, S., 2009). La diferencia entre *duelo y melancolía* es que su sintomatología y evolución son diferentes. El duelo es una reacción a la pérdida de un ser amado, o a la pérdida de algo abstracto que alguna vez perteneció, tal como país de origen, libertad, ideas, etc. El duelo no es asociado con cosas patológicas porque es una reacción normal a eventos que generalmente son superados con el pasar del tiempo. Durante el período del duelo la persona se dá cuenta de la pérdida del ser amado, que de verdad se fué y evita el factor de la realidad. Escapar de la realidad es un síntoma marcado de depresión, falta de interés, sin deseos de poder amar, enojo, así como también la inhibición de toda actividad física. Estos síntomas están presentes en la melancolía, aunque la realidad es el poder superar el duelo y que la persona regrese a su estado emocional normal.

El duelo es una respuesta consciente a la muerte, mientras que melancolía es con frecuencia inconsciente, el cuál es el resultado de una pérdida que no puede ser percivida físicamente, tal como el amor. La melancolía es más complicada debido a la aucensia de la pérdida que puede ser observada (Bolwby, J., 1993).

Según Bolwlby, J. (1993), existen cuatro etapas del duelo:

1. *Pérdida de la sensibilidad:* generalmente dura de algunas horas hasta una semana y puede ser interrumpido por intensos episodios de pena y enojo.

2. *Búsqueda y anhelo por la persona perdida;* el enojo es intenso y tiene la tendencia de aparecer en algunas horas o días. Existen diferentes manifestaciones más o menos intensas, tales como la necesidad de buscar a la persona perdida, ir a lugares donde el difunto acostumbraba ir, la necesidad de mantener contacto con ciertos objetos, cambios en la rutina del sueño, llorar constantemente, etc. La necesidad por buscar y recuperar puede ser intenso al principio y disminuye a manera que pasa el tiempo.

3. *Desorganización y desesperación;* El reconocimiento intelectual de la pérdida es un desafío para prevenir ciertas manifestaciones y para mantener viva a la persona fallecida. La derrota de tal batalla es el resultado de la falta de energía y una sensación de fracaso para ayudar a entender la realidad. La sensación de soledad es más evidente, la ayuda de otras personas disminuye y no es efectiva.

4. *Alto o bajo grado de organización;* tratar de reintegrarse a las actividades sociales puede ser difícil y no solo depende de la persona, pero puede ser condicionado al medio ambiente.

Dr. Kübler-Ross (1969), fué pionera en el desarrollo de apoyo emocional, consejería y trauma personal. Mejoró el entendimiento y la práctica con relación al duelo y la pena (conmoción, enojo, negociar, depresión, aceptación), también se puede relacionar a cambios personales y decepciones emocionales el cuál es el resultado de ciertas causas que tienen que ver con el proceso de la muerte.

Según Kűbler-Ross (1969), la gente pasa por cinco etapas durante la pérdida de un miembro de la familia a causa de la muerte:

1. **Commoción y negación;** es la reacción inicial de muchas personas cuando reciben noticias inesperadas; ellos rehusan creer las noticias.

2. **Enojo;** puede desplazarce y proyectarce hacia otras personas alrededor de ellos.
3. **Negociar;** lo que la gente hace negócea con los médicos o con Dios para tener más tiempo.
4. **Depresión;** la gente se desespera y empieza a tener pena.
5. **Aceptación;** si la gente a tenido suficiente tiempo y han podido experimentar las etapas anteriores, ellos podrían alcanzar una etapa donde podrán aceptar la pérdida.

La teoría de Kübler-Ross a sido criticada porque las etapas no siempre aparcen en tal orden, y su proceso no es lineal. Pueden haber situaciones donde las personas superan la negación y aceptan la pérdida, o en ciertas ocaciones estas etapas no están presentes.

¿Cómo Interviene el Trabajador Social con los Familiares de los Pacientes en la Unidad de Cuidados Intensivos?

Para poder ayudar a los familiares que sufren la pérdida de un ser amado en la UCI, el trabajador social interviene:

1. Estableciendo comunicación, la base para esto constituye el arte de hablar, especialmente escuchar. De acuerdo con Anzonera, O. (2003), escuchar es lo mismo que percevir, no solamente las palabras, también los pensamientos.
2. Dar tiempo y espacio para que la familia pueda expresar sus sentimientos y emociones, poder expresar su pena, poder organizar sus pensamientos.
3. Organizando reuniones con el personal médico. La comunicación con el personal médico es la mejor manera de obtener información para que así la familia puede hacer preguntas y hacer decisiones.
4. Coordinar reuniones con miembros de la familia para poder preparce y hacer preguntas.
5. Dando apoyo emocional, psicoterapia, cuidados paliativos, y hablar acerca de temas de la muerte si es necesario. Los trabajadores sociales están preparados para dar consejería y psicoterapia a uno o más miembros de la familia, así como también a los amigos ayudándolos a que hablen acerca de sus

sentimientos y emociones, acerca de cuáles fueron los valores del paciente cuando estaba sano, así como también sobre asuntos religiosos o espirituales. El trabajador social provee apoyo emocional a los familiares durante el proceso de hacer decisiones y los asiste con el seguimiento de las decisiones, incluyendo pero no limitado al final de la vida.

6. Obtener información acerca de los servicios disponibles en la comunidad. Existen varias obciones para los pacientes y sus familiares para cuando el paciente sea dado de alta del hospital o haya fallecido. Los trabajadores sociales son especialistas en obtener ayuda en el hogar, centros de rehabilitación, centros de hospicio y cuidados paliativos, y en algunas circunstancias, agencias funerarias si es necesario.

Existe la necesidad de mantener una cercana comunicación con familiares de pacientes admitidos a la UCI. Los obstáculos deben ser superados al proporcionar intervenciones con familiares que no hablan el idioma Inglés. Serios obstáculoss para la comunicación efectiva, diferencias en actitudes acerca de la atención médica, y varios malentendidos interfieren con el buena comunicación con los familiares. Tales malentendidos son superados cuando el trabajador social está culturalmente consciente y puede asegurar buena comunicación entre los pacientes, sus familiares y los proveedores de atención médica.

Competencia Cultural

Lum, D. (1999), define competencia cultural "al conjunto de conocimientos y destrezas que los trabajadores sociales deben de desarrollar para poder ser efectivos con clientes multiculturales".

La práctica de Trabajo Social multicultural trata las varias facetas de cultura, el cúal incluyen raza, género, edad, orientación sexual, religión y otros. Green, J. (1982, 1985, 1999), autor de *Cultural Awareness in Human Services,* asertó que la práctica de competencia étnica envuelve la adqusición de una base de conocimientos, preparación profesional, e intervenciones apropiadas para poder comparar y entender mundos culturales diferentes. Según Betancourt, J. R. (2004), cultura es un patrón de creencias aprendidas, valores compartidos, estilos de comunicación, prácticas, costumbres, y visión de funciones y relaciones. El concepto vá más allá de raza, etnicidad, y país de orígen.

La diaria experiencia profesional del autor con pacientes de habla Castellana y sus familiares le hacen entender la complejidad de la comunicación bilingüe y bicultural. Estas experiencias también se pueden extender a otros idiomas y pacientes. Trabajadores sociales y otros proveedores de salud que no hablan Castellano, con frecuencia experimentan problemas de comunicación con pacientes y familiares que hablan Castellano. Habiendo tenido la experiencia de ser entrevistado por un professional de salud que no habló Castellano cuando vino por primera vez a los Estados Unidos, el autor es consciente de los problemas que estos pacientes y sus familiares tienen cuando se enfrentan con alguén que no habla su idioma y no se puede comunicar o hacer entender.

Una adecuada intervención con pacientes y familiares que hablan Castellano require un adecuado entendimiento de dos lenguages (idiomas) diferentes y complejos para poder obtener una comunicación adecuada, además de la habilidad de comunicarce eficázmente en cada idioma y a niveles diferentes. Por esta razón, pacientes y familiares similarmente no están entrenados y pueden sufrir un dramático desánimo cuando son confrontados con la tensión heredada en el contexto de la enfermedad y admissión a la UCI.

Competencia cultural y cuidados paliativos en la UCI se puede definir como la habilidad del trabajador social en proporcionar servicios a pacientes y familiares de diferentes grupos étnicos, valores, conductas, incluyendo la aceptación de servicios ofrecidos que son el cumplir con las necesidades lingüísticas y sociales.

Comunicación

La intervención para mejorar la comunicación entre el equipo interdisciplinario de la UCI (doctores, enfermeros, trabajadores sociales) y pacientes y familiares, reduce de una manera significante la tensión, depresión, ansiedad entre los familiares. La comunicación es importante para todos. El mejoramiento de la comunicación acerca de cuidados paliativos y el final de la vida en la UCI resulta en una drástica reducción de síntomas relacionados al posttrauma entre los familiares el cuál dura aproximadamente tres meses (Lautrette, A., et al., 2007)

Con frecuencia los familiares de pacientes con riesgo de morir en la UCI están bajo severo estado emocionaly dependen del trabajador social para que los guíe y les de información y apoyo emocional. La reunión con los familiares y el personal médico en un lugar tranquilo y privado para discutir la condición del paciente, pronóstico, y obciones de tratamiento pueden ser componentes importantes de la comunicación.

Según Simpson, M. (1979), la comunicación así como los tumores, puede ser benigna o maligna. También puede ser invasivo y los efectos de una mala comunicación pueden ser causa de una metástasis en la familia. La verdad es uno de los agentes terapeúticos más disponibles, aunque todavía es necesario desarrollar entendimientos adecuados para sus cualidades farmacológicas y dosis óptimas para su uso. De igual manera es necesario saber acerca de su metabolismo inmediato: *Verdad y Negación.*"

¿Porqué es Importante la Comunicación con los Familiares?

1. Reduce incertidumbres.
2. Fortalece la relación con los pacientes y familiares.
3. Guía a los pacientes y familiares hacia un objetivo común a seguir.

Los obstáculos deben de evitarse cuando se está interviniendo con los familiares. Los obstáculos para una eficiente comunicación, diferencias en actitudes acerca de la salud, y varios malentendidos interfieren con la buena atención de salud con los familiares de los pacientes. Tales malentendidos se pueden superar cuando el trabajador social es culturalmente competente y está dispuesto a garantizar buena comunicación.

Bases para la Práctica de Trabajo Social y Cuidados Paliativos con Familiares de Pacientes en la Unidad de Cuidados Intensivos

1. *Etica y Valores;* Los valores, ética y bases para ambos, la profesión y la bioética contemporánea deben servir de guía a los trabajadores sociales en cuidados paliativos (NASW Code of Ethics, siglas en Inglés, 2000).

2. *Conocimiento;* el trabajador social en cuidos paliativos debe demostrar conocimiento de trabajo de los factores teóricos y psicosociales, que son esenciales para la práctica efectiva con pacientes, familiares, y otros profesionales de salud.

3. *Evaluación;* el trabajador social al evaluar pacientes y familiares debe incluír información comprensiva para desarrollar planes de intervención y tratamiento.

4. *Intervención;* el trabajador social debe incorporar evaluaciones para el desarrollo e implementación de planes de intervención que aumenten las habilidades de los pacientes y familiares en tomar decisiones médicas.

5. *Actitudes;* el trabajador social en cuidados paliativos debe demostrar una actitud de compasión y sensibilidad con los pacientes y familiares de ellos, respetando sus decisiones con respecto al curso del tratamiento. El trabajador social debe estar consciente de sus propias creencias, valores, sentimientos y cómo su personalidad puede influenciar en su intervención.

6. *Poder y Abogar;* el trabajador social debe abogar por las necesidades, decisiones, y derechos de los pacientes y familiares; también debe participar en acciones sociales y políticas que buscan asegurar que los pacientes y sus familiares tengan igual acceso a los recursos disponibles para sus necesidades médicas y psicosociales.

Trabajo Social Interdisciplinario

El trabajador social en la UCI debe ser parte de un esfuerzo interdisciplinario para promover y proveer servicios de intervención de crisis y de cuidados paliativos. De la misma manera, el trabajador social debe colaborar con el personal médico y abogar por los derechos de los pacientes para reforzar la relación con aquellos que atienden al paciente durante el transcurso de la enfermedad del paciente. El razonamiento para la participación y colaboración del trabajador social con el personal médico se basa en el reconocimiento de la complejidad de los problemas humanos, el nivel de conocimientos y destrezas de intervención que son necesarias para lograr resultados positivos (Abranzon, J., & Mizrahi, T., 1996).

Competencia Cultural

Trabajadores sociales deben tener, y deben continuar desarrollando, especializando conocimientos y entendimientos acerca de la historia, tradiciones, valores, y sistemas familiares cuando son relacionados a cuidados paliativos con diferentes grupos. El trabajador social intensifica la efectividad del personal médico al compartir conocimientos acerca de la cultura e historial psicosocial de un determinado paciente. Cultura y tradiciones son componentes importantes de los cuidados paliativos. Es también importante para los familiares el poder compartir estas tradiciones con el trabajador social y con el personal médico al comienzo de la admisión a la UCI. Una buena pregunta personal sería: *¿Qué es importante en su cultura que me ayudaría a ofrecerle mejores servicios?* La respuesta a esa pregunta podría ayudar a prevenir malentendidos entre el trabajador social, el personal médico, pacientes y miembros de la familia.

Contribución de Práctica

La intervención y colaboración del trabajador social en la UCI es necesaria para identificar las necesidades psicosociales de los pacientes y sus familiares, y promover la creación y mantenimiento del apoyo social. Los administradores de programas de Trabajo Social deben reconocer esta necesidad y ayudar a los trabajadores sociales a demostrar y comunicar su capacidad y destrezas al personal médico.

Implicaciones Para Política Social

Existe la necesidad de informar y educar a los profesionales y a los administradores del centro hospitalario acerca de las destrezas y funciones que el trabajador social desempeña en la UCI.

Como cualquier miembro del personal, el trabajador social es responsable en cooperar con los esfuerzos y adelantos y a mantener el bienestar de la UCI. El trabajador social demuestra, en el contexto de la orientación de intervención de cuidados paliativos, la habilidad de hacer una diferencia. Esta incluye situaciones cuando los pacientes y sus familiares tienen necesidades psicosociles.

Conclución

En resúmen, la intervención del trabajador social en la UCI es importante por las siguientes rezones:

a). Identifica problemas psicosociales de los pacientes.

b). Proveee intervención de crisis y cuidados paliativos a pacientes y familiares.

c). Identifica y controla situaciones problemáticas.

d). Ayuda a que el personal médico dedique más tiempo atendiendo a los pacien tes.

e). Promueve la efectividad del personal médico.

f). Promueve eficiente atención a pacientes.

g). Promueve satisfacción entre pacientes y familiares.

h). Provee intervención para aliviar síntomas específicos y reduce el riesgo de tensión emocional.

i). Evalúa y aumenta la reacción del ambiente y conecta al paciente, familia y los que atienden al paciente con los recursos de la comunidad, si son necesarios.

j). Identifica intervenciones psicosociales para ser ofrecidas como parte del desarrollo de un plan de cuidado comprensivo de acuerdo con los deseos del paciente/familia y el equipo interdisciplinario.

k). Evalúa y administra aspectos psicosociales del dolor.

l). Valoriza la efectividad de las intervenciones del tratamiento.

Todas estas ventajas adquiridas por la intervención del trabajador social en la UCI tienen la posibilidad de ser económicas para el hospital a corto plazo, y promover salud mental a los familiares de los pacientes.

Personas fuera de la profesión de *Trabajo Social* pueden no estar familiarizadas o informadas acerca de la variedad de servicios y destrezas que son desempeñados por el trabajador social en la UCI. El centro hospitalario puede limitar a que la intervención del trabajador social sea concreta y fracazar en ayudar a pacientes y familiares a superar el impacto emocional causado por la admisión a la UCI. Falta de conocimiento de lo que los trabajadores sociales hacen puede crear conflictos en la colaboración con otros profesionales en el suministro de servicios. El uso eficiente del trabajador social en la UCI depende mucho en parte en cómo otros profesionales perciben la profesión de Trabajo Social en el centro hospitalario.

El reto para los trabajadores sociales es el poder demostrar la relevancia de su capacidad y destreza clínica para mejorar el tratamiento de los pacientes y atender las necesidades psicosociales de sus familiares en un centro hospitalario complejo como la UCI. Trabajadores sociales deben contribuir en iniciativas de investigación no solamente para demostrar la eficiencia de la profesión y la intervención, también deben promover el reconocimiento entre colegas de otras profesiones acerca de la importancia de identificar y comunicar las necesidades psicosociales de los pacientes y sus familiares. Los trabajadores sociales deben entender que desempeñan una función importante en identificar la tensión traumática y las reacciones de ansiedad en los familiars de los pacientes.

REFERENCIAS

1. Aguilera, DC. & Messick, JM (1994). Crisis Intervention: Theory and Methodology. St Luis: C.V. Mosby Co.. P. 631

2. American Fact Finder (2007). (US Census Bureau). Population Stimates for New York State by County—retrived on July 2008.

3. Abramson, J.S., & Mizrahi, T. (1996). When social workers and physicians collaborate: Positive and negative interdisciplinary experiences. Journal of the National Association of Social Workers, 4, 2-28

4. Barker, R.L. (1995). The social work dictionary, 4th ed. Washington DC: NASW Press.

5. Betancourt, JR (2001). Cultural competence-Marginal or mainstream movement? New England Journal of Medicine; 351: 953-955

6. Bone, RC; McElvee, NE; Eubanks, DH; et al (1993). Analysis of indications for Intensive Care Unit Admissions-Clinical Efficacy Project-American College of Physicians. Chest; 104:1806-1811

7. Bronx Lebanon Hospital Center (2007). Department of Medicine. Bronx, New York.

8. Csikai, E.L., & Raymer, M. (2003). The Social Work End of Life Care Education Project: An assessment of educational needs. Insights. Pp. 9-12

9. Delva, D; Vanoost S; Bijtter P. et al. (2002). Needs and feelings of anxiety of relatives of patients hospitalized in intensive care units: Implications for social work. Social Work in Health Care, 35:21-40

10. Dirk, D. (2000). The Journal of Health Care Social Work. A Quarterly Journal Adopted by the Society for Social Work Leadership Health Care. Vol: 35 Issue: 4

11. Ell, K. (1995). Crisis intervencion. Research needs. Encyclopedia of Social Work, 18th ed. (pp. 660-665). Washington, DC: NASW Press.

12. Green, J. (1982). Cultural awareness in human services. Englewood Cliffs, NJ: Prentice Hall.

13. Green, J. (1995). Latino cultures and their continuity. In J.W. Green (Ed), Cultural awareness in the human services: Boston: Allyn and Bacon.

14. Green, J. (1999). Cultural awareness in the human services. 3rded. Englewood Cliffs, NJ: Prentice Hall.

15. Golan, N. (1978). Crisis intervention. New York: Free Press.

16. Joint Commission on Accreditation of Health Care Organizations (2004). Accreditation manual for hospitals. Chicago: Author.

17. Kalb, PE; Miller, DH. (1989). Strategies for Intensive Care Units. JAMA. 261: 2389-2395

18. Kűbler-Ross, E. (1969). On Death and Dying: What the Dying have to teach to Doctors, Nurses, Clergy, and their families. Publisher: Simon & Scuster Adult Publishing Group. Edition Number 1

19. Mendez, X. (2005). Las situaciones de crisis: Una estrategia de intervención breve en el Trabajo Social individual-familiar. Chile.

20. National Association of Social Workers (2000). Code of Ethics of the National Association of Social Workers. Washington, DC: Author.

21. National Association of Social Workers (2001). NASW Standards for Cultural Competence in Social Work Practice. Washington, DC: NASW Press.

22. World Health Organization (2003). WHO definition of palliative care.